贻

地势坤，君子以厚德载物。

知道点世界文化

汪淼———— 著

中国友谊出版公司

图书在版编目（CIP）数据

知道点世界文化 / 汪淼著. -- 北京：中国友谊出
版公司, 2021.6
ISBN 978-7-5057-5242-9

Ⅰ. ①知… Ⅱ. ①汪… Ⅲ. ①文化－世界－通俗读物
Ⅳ. ①G11-49

中国版本图书馆CIP数据核字（2021）第106848号

书名	知道点世界文化
作者	汪　淼
出版	中国友谊出版公司
发行	中国友谊出版公司
经销	新华书店
印刷	北京盛通印刷股份有限公司
规格	880×1230毫米　32开
	10印张　223千字
版次	2021年8月第1版
印次	2021年8月第1次印刷
书号	ISBN 978-7-5057-5242-9
定价	45.00元
地址	北京市朝阳区西坝河南里17号楼
邮编	100028
电话	（010）64678009

如发现图书质量问题，可联系调换。质量投诉电话：010-82069336

序

余秋雨

这套"知道点"丛书，邀我写序。我对丛书的名称有点好奇，一问，明白了他们的意思，就决定写了。

原来，这套丛书里每一本的标题，都以"知道点"开头，如《知道点中国历史》《知道点中国文化》《知道点世界文化》……落脚点都显得宏大，而着眼点却很谦虚，显出青年作者的俏皮。中外文化是万仞群峰，我们不应该畏其高峻而仓皇躲开，更不应该看了两眼就自以为已经了如指掌。我们所能做的是，恭敬地在山脚下仰视，勤快地在山道口打听，简单说来，也就是：知道点。

首先，不知道是可惜的。区区五尺之躯，不以文化群峰作为背景，只是一种无觉无明、平庸卑琐的生理存在。人凭文化与外界进行不同层次的沟通，并通过文化证明自己是谁，对此，即使文化程度不高的人也有一种荣辱感。记得有一次中央电视台举办全国直播的青年艺术人才大奖赛，比赛中有一项文史知识测试。结果出乎意料，几亿观众对这一部分的关注远远超过比赛的主体项目，全国各省观众对于自己省派出的选手在艺术技能上的落败并不在乎，却无法容忍他们居然答不出那些文史知识的试题。由此可知，直到今天，很多人还是习惯于在文化上寻求自身尊严和群体尊严的，这很不错。

但是，紧接下来的问题是，又必须提防人们对于文史知识的沉溺。沉溺，看似深入，实则是一种以文化名义制造的灭顶之灾。中国从明清之后一直有一批名人以引诱别人沉溺来谋生，很不道德。因此，必须在文化的群峰间标画一些简明的线路，在历史的大海中铺设一些浮标的缆索，使人们既领略山水之胜又不至于沉溺。这种做法用一种通俗用语来表述，就是不必知道得太多、太杂、太碎、太滥，只需"知道点"。

"知道点"，不是降低标准，而是提高标准。这就像线路的设定者一定比一般的逛山者更懂得山，缆索铺设者也一定比一般的游水者更熟识海。不仅更懂、更熟识，而且也更有人道精神，更有文化责任。

正是在这个意义上，我觉得这套"知道点"丛书是一项有价值的事业。新世纪的公民不可能全然舍弃人类以前创造的文化历史背景，却又不能让以前的创造来阻断今天的创造，因此应该有更多的山路划定者和缆索铺设者。只有这样，壮丽的历史文化才能真正成为新世纪的财产。

目录

第一辑　古文明的脉络

第二辑 推开异域之门

第五辑　罗马的梦想

第六辑　中世纪的十字架

第七辑 文学：心灵的历史

第八辑 现代哲学与科学

第九辑　神奇的艺术之旅

第一辑

古文明的脉络

玛雅文明之谜

哥伦布发现新大陆后，中美洲的文明逐渐走进了世界人民的视野，唯独玛雅文明除外。很多人希望通过自己的探索，掀开玛雅文明的神秘面纱，但很少有人成功。那么，玛雅人神秘而灿烂的文明，为什么会成为千古之谜？其实，这与16世纪发生的一场"浩劫"有关。当时，西班牙殖民者来到玛雅部落，通过翻译佳觉，玛雅人向西班牙方济各会传教士迭戈·德·兰达详细阐释了玛雅族的文明。不料，兰达看完玛雅典籍中记载的事情后，完全被吓坏了，宣称玛雅文明是"魔鬼干的活儿"。随后，玛雅典籍被全部销毁，玛雅人和他们的文明被尘封在了历史的长河中。

虽然兰达被玛雅文明吓坏了，但是后人的胆量却越来越大。他们纷纷把目光投向神秘的玛雅文明，希望能通过对仅存的3部玛雅典籍和一些石碑、壁画的研究，解锁玛雅文明的秘密。然而，由于玛雅文字晦涩难懂，它成为人们了解玛雅文明难以逾越的一大障碍。300年后，美国外交官斯蒂文出版了《旅行纪实——中美加帕斯和尤卡坦》一书，这更加激起了人们对玛雅文明的好奇心。人们不仅用常规的研究方法研究玛雅文明，"二战"之后，美国和苏联甚至运用当时先进的计算机技术，试图更深入地了解玛雅文明。但可惜的是，虽然耗费了较大的人力、物力和财力，人们也仅仅了解了一小部分的内容。由此可见，玛雅文明的破译难度之大。

　　玛雅典籍中究竟记载了什么内容，竟然吓坏了传教士兰达，甚至让他不惜下令将其毁灭呢？1966年，有人根据破译出的玛雅文字，尝试翻译了位于奎瑞瓜山顶上的一块玛雅石碑。没想到这块石碑上记录的居然是一部编年史，而且是发生在4亿年前的事情。那个时候，地球上还不存在人类。那么，石碑上记录的事情到底是真的还是假的，它又是如何得来的呢？或者就是因为如此，兰达觉得佳觉所翻译的玛雅文明是不可思议的，故而强烈要求销毁玛雅典籍。

　　如果这块石碑上的内容是真实的，玛雅文明的历史就可以追溯到4亿年前，那时他们的文字和文明都很先进，民族也是先进的。根据研究，后人发现，玛雅文明中的数系、纪年和历法都比较成熟，且独具特色。而且，玛雅的数系还被后人誉为"人类最伟大的成就之一"。大约公元前4世纪，玛雅人就已经熟练掌握了数字"0"的概念。在石碑上，人们发现玛雅人记录了一个长达11位的数字，但至

▲ 玛雅文明石雕

今也不知道这一数字有何用处。玛雅人还自创了名为"阿劳东"的时间单位，它代表23040000000天。不过，我们很难想象，玛雅人究竟经历了什么，才会创造出这样的计数单位。因为在现代人的脑海中，类似这样巨大的计数单位，大多在测量星际距离和星际航行时才需要用到。

古希腊以第一次古奥林匹克竞技会为纪元始点，基督教国家以耶稣的诞辰为纪元始点。每个民族都有自己的纪元，用来记录文明的发展。玛雅文明的遗留资料表明，玛雅拥有多个纪元，并且每个纪元都以地球毁灭性破坏的结束作为记录起点。公元前3113年是玛雅最后一个纪元的开端，那一年，他们开始定居在中美洲；玛雅的上一纪元开始于公元前11000年；再往前追溯，他们还有3个纪元，每个纪元的持续时间都以几十万年或几百万年来计算。玛雅文明多纪元的存在，恰恰说明其存在和发展的历史之久，久到我们无法想象。

除此之外，玛雅人还通过他们的智慧，发明了极为精确的历法。根据这一历法，他们推算出太阳年的长度为365.242日。此外，他们还制定了太阴历，推算出金星公转1周的时间，纠正了太阳历和太阴历积累误差的方法。

除此之外，关于玛雅文明，还有一个不解之谜。虽然玛雅人掌握了先进的太阳历和太阴历，但他们自己使用的祭祀历法"卓尔金历"却十分奇怪：一年由13个月组成，一个月有20天。这种不太精准的日历，当时中美洲的土著都已不再使用，但玛雅人依然视若珍宝。我们是否可以以此得出这样的猜测：玛雅人的祖先，是不是从另一"空间"来的呢？

玛雅金字塔

埃及金字塔虽然被认为属于坟墓的一种，考古学家也在金字塔中找到了木乃伊，但它在建造上的精准设计和巧妙工艺，还是让人极为震惊。苏格兰天文学家斯穆斯用4个月的时间研究了埃及的2座金字塔，最终得到了让人不可思议的结论。首先，金字塔的4个面都是精准的等边三角形，朝着东、南、西、北4个方位；其次，将金字塔的底边长度与高度进行对比推算，得出的结果居然是圆周率；最后，金字塔的高度恰好是地球周长的二十七万分之一，还是地球到太阳距离的十亿分之一。这些真的都是巧合吗？

金字塔并非埃及的"特产"，因为在尤卡坦半岛上，同样耸立着9座巍峨的金字塔。这样的建筑在英国和法国也出现了，但设计最精巧的莫过于玛雅人的金字塔。

在玛雅人的金字塔内，科学家发现：天狼星的光线通过南墙的气流通道，可以直射到长眠于上面厅堂中的法老的头部；北极星的光线通过北墙的气流通道，径直射进下面的厅堂。这种设计充分表明，玛雅人在建造金字塔时就已经能够很好地运用天文方位了。

金字塔的雄伟壮观，充分表明了当时高超的建造水平。然而，经研究发现，位于塔顶的神龛却粗糙不堪，和精巧的金字塔似乎并不是同一时代的产物，两者看起来极不相称。可见，建造工程浩大、设计精巧的金字塔仅仅被用来当作坟墓，这个说法有些可疑。

　　100多年前，人们从金字塔中挖掘出了很多东西，当时，那些东西并没有被人们全部辨认出来。后来，经过人们的认真考究，发现其中有蓄电池、变压器，甚至有太阳系的模型碎片，以及一些不锈钢或者合金工具。所以，金字塔或许之前是玛雅人的"仓库"。

　　金字塔外观设计精巧，内部空间结构非常独特，尸体被放置在里面后，能够顺利变成木乃伊。因为金字塔的这种"特殊功能"，向往永生的人们，就把首领的尸体放进曾经的"仓库"。或许，这也算是一种合理的解释。

▲ 玛雅金字塔

提卡尔国家公园

　　提卡尔城是规模最大的玛雅古城之一，位于危地马拉东北部的热带丛林深处，这里动植物品种繁多。1931年，提卡尔城周边24平方千米的范围被标记，确定为国家级历史建筑，正式成为国家公园。

　　20多年前，提卡尔古城的秘密逐渐被人们破解。如今，人们已经大概了解了整个古城的规模。这里连续被发掘出3000余座建筑，其中既有已被夷为平地的简陋屋舍，又有宏伟的金字塔。这些发现表明，提卡尔城既是玛雅文明的中心，又是整个帝国最大的城邦。

　　这座城池建筑林立，其建造水平高超，反映了哥伦布发现新大

▲ 玛雅遗址

陆之前，玛雅文明的最高工艺水平和文化成就。提卡尔城有6座金字塔，它们是城内最高的建筑物。金字塔平台由石灰石构筑而成，塔顶设有一座小巧的神龛。最高的金字塔高达70米，是美洲印第安人建造的最高建筑物。提卡尔城的宏伟壮丽体现在方方面面。比如，广场和庭院外有庙宇与宫殿，雕刻着文字和图案的石碑与祭台也排列得整整齐齐的；通往广场的道路宽阔而平坦，城市底下有大量水资源供应管道。这座充满现代感的城市，已经超越了当时物质条件的限制。

提卡尔城内基础设施完善，还存在不少娱乐设施，有许多由庙宇和圈围起来的球类游戏场所。而且，庙宇的过梁和门楣上还装饰着反映玛雅国王登基盛况的浮雕。由此可见，当时城市的繁荣以及人们生活的安逸。

提卡尔城见证了公元300—900年玛雅文明发展的盛况。玛雅人发明了一种至今尚未被完全破译的象形文字，修建了巨大的纪念物，还制造了精确而复杂的计时器。他们的制陶工艺和宝石加工工艺也都相当先进。城内石碑上雕刻着大量的图案和文字，主要内容是祭司或者显要人物的头像，以及铭文和按照玛雅历法推算的年份日期。石碑上记载的最早年份是公元292年，最晚的是公元889年。

提卡尔城的大型建筑物虽然外观宏伟，但内部空间狭小，光线昏暗，这是因为覆盖建筑物的挑头式拱顶比较窄小。当然，这或许是玛雅人为保持庆典的神秘性而刻意设计的风格。不过，这种修建在长1200米、宽800米的长方形地段中的建筑物并不适合人们生活，它们仅仅用于行政管理和举行仪式，居民大多生活在城市周围的居民区。

后来，不知为何，城市人口逐渐减少。最终，整座城市被遗弃，变成了一座空城。

失落的玛雅文明

玛雅文明就像一簇灿烂的烟花，曾绽放出十分美丽的光芒，惊艳了全世界。但绽放之后就是黑暗，它的突然中断，给整个世界留下了巨大的谜团。

有人做过一个大胆而富有想象力的推测，我们不妨也思考一下。在远古时代，美洲热带丛林中生活着一群玛雅人，他们和世界各地的原始人别无二致。突然有一天，一群拥有高度文明的外星人驾驶飞船来到这里。玛雅人将其视为天神，并且接受了外星人传授的高深知识。有一天，外星人要走了，并且告诉玛雅人他们还会回来，但这些外星人并未在玛雅祭司预言的天神返回日期回来。这对玛雅人是一次重击，他们对宗教与祭司的统治失去了信心，进而整个民族的心理开始崩溃。直到有一天，他们相继离开故乡，各自走散，玛雅文明自然就消失了。

这种说法看似过于梦幻，也遭到许多人的反对，但是没有人可以圆满地解释玛雅文明的繁荣，还有其突然消失的原因。玛雅人在建筑、数学甚至历法上都有卓越的表现，这让人意识到，玛雅民族定是个不平凡的伟大民族。

1839年，人们第一次在洪都拉斯的热带丛林里发现了玛雅文明遗址。随后，考古学家们也先后在中美洲丛林和荒原上发现了玛雅文明的痕迹，大约有170处玛雅古代城市遗址。公元前1世纪—公元

8世纪，玛雅人的足迹从墨西哥的尤卡坦半岛往南蔓延，先后经过危地马拉和洪都拉斯，最后到达安第斯山脉。玛雅人在这些地方的丛林中建造了多座规模宏大的建筑。其中，最雄伟的建筑要数提卡尔城，当人们运用电脑做出它的复原图时，许多现代城市的知名设计师都甘拜下风。玛雅人用22500块精美的石雕装饰了乌克斯玛尔的总督府，石材之间几乎不留一丝空隙。建造于7世纪的帕伦克宫，整个殿面长100米、宽80米；没有屋顶的蛇头武士庙，仅仅依靠1000根石柱，就能让人感受到它的雄伟气魄……即使运用现代的技术来建造这些建筑，也是不容易实现的。

建筑是玛雅人带给我们的最直观的冲击，但惊喜不止于此。几千年前的玛雅人，不仅是建筑大师，还具有高超的天文学造诣，发明了独特的历法。奇琴伊察、提卡尔、帕伦克等地的巨型建筑，虽然实用性较差，但严格按照神奇的玛雅历法来建造。玛雅人使用的太阳历法"哈布历"格外精确，把一年分为18个月，测算的太阳年为365.2420天，而现代人测算的为365.2422天，误差仅为0.0002天，也就是说，5000年的误差总和只有1天。玛雅人测算的金星年为584天，与现代人的测算结果相比，50年的误差总和仅为7秒。这样精确的测算结果，在当时的条件下，究竟是如何实现的呢？这仍是未解之谜。

玛雅人的记日系统是由祭祀历法"卓尔金历"和太阳历法"哈布历"相互结合、同步循环而构成的，类似我们今天同时使用的阳历和阴历。其中，卓尔金历将一年分成13个月，20天为一个月。这颇让人奇怪，因为它不是以地球上所能观察到的任何一种天体的运行为依据的。有人认为，玛雅人的祖先来自未知星球，他们将这种历法带到了地球上。如此一来，玛雅文明在世人眼中更增添了一分神秘。

▲ 奇琴伊察玛雅城邦遗址

　　玛雅人在数学上的造诣，更令人瞠目结舌。公元前4世纪，他们就掌握了"0"这个数字的概念，比中国人和欧洲人都要早近千年。除此之外，他们还创造了20进制计数法。

　　此外，玛雅人还发明了一种至今尚未被完全破译的象形文字。这些文字由800个符号或图形构成，词汇量多达3万个。早在原始时代，他们就已掌握了精妙的绘画、雕刻甚至青铜铸造艺术。其文明的发达程度，让人无法想象。

　　1952年，在墨西哥高原玛雅古城帕伦克的一处神殿废墟里，人们发现了一块石板。这块石板上雕刻着人物和一些奇怪的花纹，当时，人们根本不了解它们代表的是什么。十几年过后，通过研究，人们突然明白了那些花纹的含义。参与过宇航研究的美国科学家发现，帕伦克废墟中的石板上雕刻的是宇航员驾驶宇宙飞行器的画面。虽然上面的图案和我们现代的宇宙飞行器有明显的不同，但其中的零部件还是一目了然，如方向舵、脚踏板、排气管、天线、仪表……专业人士很容易辨认出来，这应该是古代的宇宙飞行器。这一难以被推翻的结论，却让后人更加疑惑了：玛雅人为什么能够看到宇航器，又为何将其画下来呢？

精准的天文历法和数系，令人赞叹的文明和艺术，都是古代玛雅人留下来的瑰宝。不过，回到问题的原点，我们不得不深思：玛雅文明究竟是如何产生，又为什么会消失呢？玛雅人为什么能在当时的生产力水平下，一再创造出奇迹呢？这一切仍未可知，猜想也将不断继续。

与神共舞的玛雅人

传说古代有位王子，他偶然得知森林深处有一座神秘的城堡。这个城堡里的人，因受到了魔法的诅咒而痛苦万分，需要他前去搭救。于是，王子向着丛林深处出发了。他身佩宝剑，不惧森林中的毒蛇猛兽，硬是杀出一条路。功夫不负有心人，这位王子终于找到了神秘的城堡，唤醒昏睡中的美丽公主后，他又去解救了被魔法诅咒的臣民。最后，所有的妖魔鬼怪都被他驱散，城堡重新展现在人们面前。

这个美丽的故事，在中美洲一带广为流传。有人听了这个故事后，会心一笑，为其精彩而鼓掌。这个故事一代代地流传下去，但很少有人把它与当时的历史事实联系起来。历史就体现在传说和神话之中，流传的童话故事或许就是真正的历史事实。不过，大多数人会忽略这种联系，童话依然是童话。

1893年，美国人约翰·史蒂芬和美国画家卡德沃德听到这个故事之后，决定像那位王子一样，去寻找森林中的城堡。他们踏上旅途，一路披荆斩棘，历经千辛万苦，终于看到传说中的城堡。那座城堡就位于洪都拉斯的热带丛林之中。

与童话不同的是，这里没有公主，也没有臣民，只有一座依稀可见的被遗弃的城堡。在热带丛林中，到处可见断壁残垣。这里有用石板铺成的马路，平坦而坚硬；路旁有排水管的痕迹，构造科学；

有由雕刻精美的巨大基石组成但已坍塌的神庙；还有用石头砌成的民宅和宫殿，但都已倒塌。可以看出，这座城市在当时是喧闹而欢乐的，但现在只剩下青苔蔓延。丛林灌木延伸到马路石板和房顶基石上，以一种迫不及待的方式生长着，试图遮盖住这座城堡，不让其被人所知。

两位探险家看到这些景象，不禁格外激动。他们本只想验证童话的真实性，没想到出现在眼前的却是雄伟的人工城池遗迹，这些遗迹差点湮没在荒蛮的环境中。童话变成了现实，而现实甚至比童话更让人吃惊。

随后，他们将自己的发现公之于众。从此，这座丛林中的城堡被世人所知，无人不对此感到震惊。20世纪后，一批批考古探险家来到洪都拉斯，随后他们又把目光投向危地马拉、墨西哥、秘鲁以及整个南美洲大陆。一段被掩埋的历史渐渐浮出水面：玛雅人的金字塔可与埃及人的金字塔相提并论；危地马拉提卡尔城内的金字塔居然高达230英尺（约70米）；墨西哥的巨石人像方阵令人百思不得其解；特奥蒂瓦坎的金字塔也同样令人震撼……这些遗迹逐渐被人们发现，却没有一个人能够解释清楚为什么会有如此奇观。

3000年前，玛雅人在南美洲的大地上先后建立了170处古城，这是一个奇迹。南美洲的金字塔并非孤零零的存在，而是数量众多，让我们难以想象其背后蕴藏的物力、人力以及热情。所以，有人推测，玛雅文明的背后，应该有来自其他星球的智能生命的指导，这样一来，就既有精神保障，又有物质力量的保障了。

人们不断研究玛雅遗址，持续揭秘玛雅文明之谜：玛雅人是如何创造出如此灿烂的文明和文化的呢？当时，玛雅人已进入了富足的农耕社会，独立创造了属于自己的文字，掌握着不可思议的天文知识，数学水平比当时的欧洲还要领先10个世纪……然而，那时他们仍处在男耕女织的时代。

有历史学家提出怀疑——玛雅人究竟是不是美洲土著？如果是的话，当时的生产力并不发达，怎能在如此原始的生存条件下创造出这样的灿烂文明呢？南美洲丛林中存在的文明，似乎并没有过渡或逐渐发展的阶段，更像是突然就出现的存在。

人们没有寻找到能够做出解释的线索，只能推测玛雅人的一切奇迹都是神灵赋予的。特奥蒂瓦坎附近流传着这样一则神话：在人类出现以前，众多的神灵在这里聚会，共商人类大事。从天而降的玛雅文明，在一夜之间产生了，又在一夜之间蔓延到整个南美洲。也许，真的有"神灵"在背后助力，所以才会这般神秘。

神秘的马丘比丘

金字塔是埃及的象征，泰姬陵是印度的名胜，长城是游客在中国必去的景点，在南美洲，印加遗址则是人们绝不能错过的地方。其中，最有代表性和最出名的便是马丘比丘了。这个地方被认为是印加文化的象征，具有宗教文化的感染力，也因其古老而先进的特质，被世人怀疑它是由外星人建造的。

15世纪，印加帝国处于强盛阶段，印加文化则十分繁荣。这里风景优美，被白云和森林覆盖，极其富有神秘性。来势汹汹的西班牙殖民者在整个印加帝国横扫而过，却没有到过这个城市。即便印加人的后裔盖丘亚人，也只是听过这个地方，却没有拜访过。这让马丘比丘拥有了更为神秘的色彩。

不少人猜测，建造马丘比丘的或许是外星人。事实上，当你身处马丘比丘，审视眼前的一座座神庙和坟墓时，大概也会觉得，这个看法并非那么荒诞不经。为什么要在一个人们无法到达的地方修建一座纪念碑呢？他们的后人又是出于什么样的目的，才会选择悄无声息地离去呢？现代的朝拜者究竟是被什么所吸引，才会执迷于这深山中的秘密呢？种种问题都说明，马丘比丘是谜一样的存在。探险家和游客都把这里当作世界上最神圣的地方之一。

马丘比丘位于蜿蜒奔腾的乌鲁班巴河上方安第斯山脉2700米高的山腰上，离印加帝国的政治和商业中心库兹科只有大约40千米。

不少历史学家和考古学家判断，马丘比丘这个印加帝国的政治和商业中心，应该建于15世纪帕查库特克皇帝统治时期，直到20世纪初，都有人在此居住。但对于这座城市为何而建，又是如何建成的，却没有统一的说法。

在这座庞大的古城里，各个部分通过100多座石梯连接起来，共有3000多级台阶。高地的边缘是排列有序的露台，茅草顶小屋被连在一起。台阶蜿蜒通过门卫房、葬礼石和基地，延伸至可徒步进入古城的印加小道。这里还有3只正在吃草的羊驼雕像，如同是为了欢迎游客拍照而专门设计的。

在马丘比丘居住的人们，似乎是优秀的天文学家，他们设计了一种可以观测天文天象的工具，叫作"印地华塔纳"。太阳神庙的顶上，装有一种用岩石刻成的类似日晷的仪器。这种仪器被用来预测冬至和夏至的时间，以便人们安排播种和收获，不仅实用，更是马丘比丘人智慧的象征。

对马丘比丘神秘色彩感兴趣的游客一般都会到这里看看"印地华塔纳"的神奇之处。迎着冉冉升起的红日，他们开始一天的游览。一般来说，他们都会被一块巨大平整的石头所吸引。据说，这块巨石与英国南部索尔兹伯里的巨石阵有着相同的魔力，让人们觉得马丘

▲ 马丘比丘城堡废墟

比丘的神奇物品都具有强大的诱惑力。

马丘比丘城究竟是何时建成的，一直是人们讨论的重点。很多学者认为，其建于15世纪左右，但也有部分学者并不认可这种说法。公元930年，德国波茨坦大学天文学教授洛夫·穆勒找到了确凿的证据，指出马丘比丘古城在建筑上表现出的一些重要特征，反映的是重大的天文现象。他用数学公式演算出几千年来星星在天空中的位置，得出结论：马丘比丘城堡的最初设计和建设，肯定发生在公元前4000—前2000年。然而，他的这一说法并不被大家所认可。如果穆勒的推算没有错误，马丘比丘城堡的历史不是短短500年，而是6000年了，比埃及的大金字塔还要古老。如此看来，这样的推算岂不是很荒谬吗？

就像马丘比丘城堡墙上的多角形巨石，单从表面来看，似乎这个观点能够与其他碎片一起，将完整的拼图呈现出来，帮助我们解开这个历史谜题，从而窥见秘鲁神秘而古老的真实面孔。在这场拼图游戏中，维拉科查山也是不可缺席的部分。相传，其首都就设在蒂华纳科。如今，这座伟大古城的废墟，坐落于一个名为科尧的地方，在玻利维亚境内。

假如以上的推断正确，我们又能得到一个结论：马丘比丘是"太平洲"幸存者的又一杰作。那么疑问来了，他们为什么要把城堡建在海拔将近3000米的山峰上呢？在这种地形中建造城堡，人们的基本生活将成为问题。这会不会就是"太平洲"幸存者中的陆路逃难者留下的标志，以提醒太空探索者，在找到世外桃源之后该如何根据留下的线索发现并接走他们呢？所有尚待证实的猜想，都是值得我们继续思考的线索。

巨石阵之谜

公元前3000—前1600年，人们在英国伦敦附近建造了一处巨石建筑群，现在，它已经成了英国的著名旅游景点之一，也是英国古老文明的象征，吸引着世界各地的游客前来参观。巨石阵年久失修，于是，英国政府在大约100年前开始修复，让其恢复了往日的壮观与雄伟。那么，如此巨大的石阵是何人修建的，又为什么要修建呢？

英国考古学家在巨石阵附近发掘了一座古人的坟墓。经过验证，他们发现，这是青铜器时代的一个弓箭手的坟墓。这个弓箭手大概生活在公元前2300年，由坟墓中大量的珍贵陪葬品可知其身份显赫。这个人可能来自瑞士、德国或者奥地利，更重要的是，他很有可能参与并主持建造了巨石阵。

和坟墓主人一起下葬的陪葬品有100多件，其中包括陶器、铜刀以及金耳环等，但这似乎并不能说明什么。虽然坟墓和巨石阵之间的距离仅仅5000米，坟墓主人生活的时代恰好与巨石阵的建造时代相符，但这仍旧可能只是巧合。不过，这其中的联系确实值得我们研究和探索。

大家将这个弓箭手与巨石阵联系起来，在观点上产生不少分歧。考古学家安德鲁·菲特兹帕特利克在声明中指出，这个人在青铜器时代很可能有着非常重要的地位，而且值得注意的是，他很可能来自其他国度，促成甚至参与了巨石阵的建造。一位来自英国《韦塞克斯考古学》杂志的专家却表示，通过研究墓中的陪葬品，可以认为，虽然凯尔特人很早就在英国本土定居了，但这位弓箭手显然并非其中一员。随后，有人对弓箭手的牙釉质进行了研究，得出的结论是这个人有可能是瑞士人，还有可能是德国人或者奥地利人。通过这一推测，英国考古学家汤尼·特鲁曼得出了这样的结论："这证明了，是外国文化的到来，才让英国人走出了青铜器时代。"

巨石阵还没有被完全证实其来历。它和坟墓究竟有没有必然联系，也等待着人们的进一步考究。

▲ 巨石阵

无可逃脱的法老诅咒

在埃及的金字塔中，放置着法老的遗体和各种珍贵的陪葬品。墓道里刻有一句咒语："谁打扰了法老的安宁，死神的翅膀就将降临在他头上。"很多人不敢擅自闯入金字塔幽暗的墓道，就是害怕因此而受到的惩罚。随着科技发展和时代进步，考古学家和探险家都相信自己能解开世纪之谜，于是，他们把目光投向埃及的金字塔。虽然他们不把咒语当回事儿，但一个多世纪以来发生的种种怪事，却加重了人们对咒语的畏惧。

进入法老墓室的人，大多在不久之后就患上了不治之症或遭遇意外事故，莫名其妙就丢了性命。这究竟是为什么呢？于是，人们想起那句咒语，相信这是法老在惩罚进入墓室的人。

图坦卡蒙出生于公元前14世纪，是古埃及第十八王朝的法老，他9岁即位，但去世时年仅20岁。1922年11月，考察队找到了图坦卡蒙陵墓的封印。直到1923年2月18日，他们才完全凿开法老的墓室。当时，展现在考察队眼前的是珠光宝气的御座、精美的法老棺椁和数不清的装满珍宝的匣子。这些发现让考察队员兴奋不已，可这时候他们却突然得到一个噩耗。他们接到一封来自开罗的电报，电报上说图坦卡蒙法老墓挖掘工程的投资者——57岁的卡纳冯爵士突然因病去世。身体一向很好的他，是因为左颊突然被蚊子叮了一口，受到感染患上急性肺炎而离世。更匪夷所思的是，后来医生在检查法老木乃伊时，发现木乃伊的左颊上同样有一个伤疤，位置和卡纳冯爵士被蚊子叮咬的地方完全吻合。接下来是考古学家莫瑟，是他推倒墓室内的墙壁并发现了图坦卡蒙的木乃伊。很快，他也得了一种神经错乱的怪病，不久就痛苦地死去了。当时，卡纳冯爵士的兄弟赫伯特也在考察队中，他不久也因罹患腹膜炎而去世。还有理查德·贝特尔，他在考察队中的工作是协助霍华德·卡特编制墓中文物的目录，后于1929年自杀。次年2月，他的父亲威斯伯里勋爵也从伦敦的一座高楼上一跃而下。后来人们发现，他的卧室中摆放着一个来自图坦卡蒙墓的花瓶。此外，埃及开罗博物馆的米盖尔·梅赫莱尔馆长曾宣称自己根本不信"诅咒"，并笑言："我这一辈子和多少埃及古墓以及木乃伊打过交道，要真有咒语，我还能好好站在这里?"结果，就在他指挥工人将文物从图坦卡蒙墓中运出后不久，他就以52岁的壮年之龄突然去世。据医生诊断，他死于突发性心脏病。

直到1930年年底，参与挖掘图坦卡蒙陵墓的人，共有12人以奇怪的方式死去。大家把这些事情串联起来后，发现它们根本无法用正常的方式来解释，或许真的是法老的咒语显灵了。至此，考察队中还有一名队员名叫霍华德·卡特，他认为自己可以侥幸逃离诅咒，就过上了隐居的生活。但是，1939年3月，他也等来了自己的宿命。

一切还没有结束。1966年，埃及政府受法国之邀，同意在巴黎展出图坦卡蒙陵墓中的诸多珍宝。埃及当时负责文物管理的人是穆罕默德·亚伯拉罕。有一天夜里，他忽然做了一个梦，梦见一旦批准将这批文物从埃及运去巴黎，他便会遭遇可怕的灾难。深感恐惧的他，拼尽全力试图劝阻上级领导放弃，但并没有得到想要的结果。于是，他只能违心地签署了同意书。当天，他离开会场时就出了车祸，并于两天后离世。

为什么会发生如此离奇的事情？这究竟是不是法老的诅咒所为呢？后世研究者对此有不同的看法。其中有一种说法是，法老墓室藏有病毒，以此对付盗墓人。1963年，开罗大学医学教授伊泽廷塔谊发表文章说，他为诸多考古学家做过体检，发现这些人的呼吸道中均带有一种能够引起炎症的病毒。他表示，那些进入法老墓穴的人，很可能就是因为感染了这种病毒，才患上肺炎进而死亡的。

1983年，法国女医生菲利浦提出了病菌说。她认为，那些进入墓地后离奇死去的人，不是感染了病毒，而是被霉菌所击中。因为墓室中有很多作为陪葬品的食品类的东西，这些食品腐败之后会产生霉菌。进入墓室的人，一旦吸进这种霉菌，便会引起肺部感染，此人便会被无情地夺去性命。

还有一种说法是结构磁场论。一些科学家认为，经过特别设计的陵墓的墓道与墓穴会产生磁场或能量波，这些磁场或能量波会对人体产生极大危害，甚至导致其最后死亡。但要设计出这样的结构，必然有比现代人更高的科学技术水平。那么，3000多年前的古埃及人，是怎样掌握这种方法的呢？

以上推论看似有道理，但都经不起推敲。病毒能在墓室存活4000年吗？霉菌不会随着空气流通而消失吗？直到现在，还没有确切的答案能够解释"法老诅咒"的存在。这种神秘也将持续下去。

永恒的木乃伊

　　《圣经·约翰福音》中有记载，在耶稣基督死后，人们用重约100磅（约45千克）的没药与沉香混合液来浸泡他的尸体，以保证尸身不腐；马其顿的亚历山大大帝死后，人们是用蜂蜜来保存其遗体的；英国海军大将纳尔逊勋爵死后，用来保存其遗体的则是白兰地。事实上，早在古埃及时期，人们就能十分纯熟地运用防腐技术来保存尸体了。

　　不管是大人还是孩子，都对陈列馆中的木乃伊非常感兴趣。他们紧紧围在木乃伊展品旁，试图看出点什么东西，却大多无功而返。去世后经脱水防腐处理过的存在了几千年的木乃伊，便是我们所说的"永恒的真身"。这些木乃伊都有几千年的历史，却保持完好，不受岁月流逝的影响。他们的表情各不相同，或心满意足地微笑，或皱眉，或目瞪口呆。虽然他们的外形干瘪发皱，但其熟睡的样子既不吓人，也不让人讨厌。女性木乃伊的手臂自然平放在身体两侧，而男性木乃伊则是双臂交叉放于胸前，他们都像是处于永恒的睡眠中。

　　最早的木乃伊出现在埃及的沙漠中，那里空气燥热，能自然形成木乃伊。人们从有5000年历史的浅层沙漠墓葬中发掘出这种尸体，发现有的木乃伊甚至没有棺材保护。及至古埃及法老时代，人们开始修建密封又牢固的坟墓，以便使坟墓内的尸体及其他物品免受猛兽或外界其他东西的侵扰。有人认为，人们之所以把尸体加工成木乃伊，是为了让死者在进入阴曹地府之后，能够保全身份。

1976年，开罗埃及博物馆发生过一起事故。当时，因陈列柜密封出现问题，柜中空气混入了真菌，拉美西斯二世的木乃伊染上了所谓的"博物馆病"，需要尽快运送到法国接受治疗。这具木乃伊抵达巴黎时，受到法国政府等同于王室规格的接待，法国方面甚至安排共和国卫队仪仗队在机场列队举枪致敬，以欢迎这具首次出访法国的古埃及木乃伊。法国的专家治好它的"病"后，又把它送回埃及。人们对木乃伊非常好奇，却又保持着应有的尊重。

约于公元前2500年形成的干尸，是人们所知道的最古老而完整的木乃伊。从那时起，木乃伊制作工艺持续了将近3000年，在公元前10世纪迎来巅峰时代。

木乃伊背后的文明是什么？人们不承认死亡的必然性，又是因为什么呢？那些闭口不言的木乃伊像是来自另一世界的使者，虽然沉默着，却能告诉我们很多事情，吸引人们不断探究，去揭秘这背后的真相。

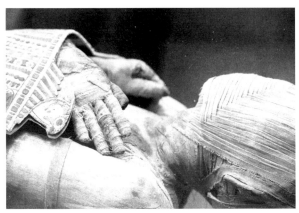

◀ 埃及木乃伊

法老的守护者

古希腊神话中有一个十分可怕的怪物，名叫"斯芬克斯"。这种怪物长着女人的头，身躯却如狮子一般，背上还有一对翅膀。但最可怕的不是它的长相，而是它的残酷性格。据说，它从智慧女神缪斯那里学到很多谜语，然后就在路口等着行人经过，让过客猜谜语。如果行人猜不出，它就会当场杀死行人，并将其吃掉。

虽然斯芬克斯只是传说中的怪物，可希腊人的恐惧感却实实在在地存在着。公元前二三世纪，许多希腊旅行家从地中海出发，来到埃及参观旅游。他们在奇怪的石像面前停下，恐惧感让他们脱口而出："斯芬克斯！"

在埃及"吉萨三大金字塔"中，有一座哈夫拉金字塔。在这座金字塔前面的不远处，有一座狮身人面像，这便是人们口中的"斯芬克斯"。它的名声远远超过哈夫拉金字塔，与胡夫金字塔齐名。它硕大而沉默，神秘而威严，称得上是"法老的守护者"。

公元前2610年，法老下令建造哈夫拉金字塔。工人们在哈夫拉金字塔东北方372米开外的一块洼地中开采用于建造金字塔的坚硬石块。后来，人们发现，在最中央的地方，有一片岩石结构不紧密，而且含有部分贝壳类的杂质，于是弃之不用。因此，金字塔修建完成后，采石场的中央便留下了一座小山。金字塔建好之后，哈夫拉法老前来巡视，发现前面居然有座山挡着，非常影响金字塔的威武。

这让他非常不悦。于是，建筑师开始想办法解决这个问题：或将其拆除运走，或将其变成陵墓的组成部分。

这时，建造师灵机一动，从山的外形联想到了埃及古代神话中的一些传说。相传，在远古时候，人们常常以勇猛的狮子来比喻保护部落安全、带领民众抵御外敌的酋长。而且，在神话传说中，狮子往往都是守护陵墓和庙宇的卫士。于是，建造师就把这座小山雕刻成哈夫拉的头像、狮子的身躯。象征人的智慧与狮子的勇猛的造型艺术品，就此诞生。

从正前方看，"斯芬克斯"是由一整块巨石（小山）雕琢成的人面像，足足有20米高。整座雕像体长达57米，若是加上前方两个由石块砌成的前爪，全长可达72米。它有一张宽阔的脸，宽约4.075米，再配上一个1.71米长的鼻子和一张足有2.30米宽的阔嘴巴，就连耳朵也有1.925米长。它的头顶还戴着一个皇冠，"奈姆斯"头巾呈扇状下垂在耳朵两侧。它的前额装饰着据说还能喷射毒液的"库伯拉"圣蛇浮雕。下颌的长须代表着国王的威仪，脖子上装饰着华丽的项圈，狮身上则刻画着鹰的羽毛。石像面带一丝淡淡的微笑，显得慈祥而又神秘。

世事变迁，沧海桑田。然而4000年来，狮身人面像一直矗立在金字塔的前面，忠诚地守护着。它看着旭日东升，沉默无言。一批批游客来了又去，但又有谁懂得它的寂寞和煎熬呢？

古埃及的象形文字

　　古埃及的象形文字大约出现在公元前4000年。与古印度河流域的印章文字、苏美尔的楔形文字以及中国的甲骨文一样，它也是从原始社会最简单的花纹和图画中衍生出来的，最初是一种图画文字，后来逐渐变成了象形文字。

　　埃及的标志性建筑很多，风景名胜也是文化的重要载体。巍峨的金字塔、精致的木乃伊和静静流淌着的尼罗河，都是埃及的象征。这些事物虽然能直观地展现在众人面前，却无法告诉人们埃及的发展历史。人们在谈论世界文明发展时，往往是从古埃及文明开始说起的，因为古埃及人可以说是全世界最早进入文明社会的民族。所以，如果要更深入地了解古埃及的历史，我们必须依靠文字记载。

　　古埃及主要使用象形文字，读懂象形文字可以说是了解古埃及文化与历史的第一步。1799年，拿破仑带领军队远征埃及时，身边跟随着一个名叫布夏尔的军官。当时，拿破仑大军正在罗塞塔城附近修建防御工事，就在这时，布夏尔挖出了一块黑色玄武岩材质的断石碑。这块石碑上有一篇由3种不同的文字书写而成的碑文。最上面的是古埃及象形文字，中间的则是古埃及草书体象形文字（或世俗体文字），最下面的是希腊文字。后来，世人称之为"罗塞塔碑"，享誉世界。

　　碑文上的3种字体，最好翻译的是希腊文，很快就被各国学者破译。接下来就是古埃及的世俗体文字，不久也被人破译了。最难翻译的则是古埃及的象形文字，大批学者费尽九牛二虎之力，都无法解开碑文上的文字之谜。

但是，学者专家无法做到的事情，却激起了一个11岁少年的雄心壮志。为了能够解开罗塞塔碑上的谜题，法国少年商博良下定决心，一定要让石碑在世人面前"说话"，让大家知道这个秘密究竟是什

▲ 古埃及象形文字

么。为此，他从11岁开始，一直努力研究了21年，终于有了突破。他发现，在古埃及的文字书写习惯中，那些加有方框或下面画着粗线的象形文字，实际上都是古埃及国王的名字。那么，罗塞塔碑上那些被线条圈起的文字，到底是不是国王的名字呢？找到这一线索后，商博良开始对照希腊文，一点一点地将这块石碑上所刻的古埃及象形文字读通了。

1822年，商博良终于解开了千年之谜，古埃及象形文字的神秘面纱被揭开。在罗塞塔碑上刻下碑文的是一群僧侣。公元前196年，他们住在古埃及孟斐斯城。在那里，他们为当时的国王写了一封感谢信，并用3种文字将其刻在了这块碑石上。当时的国王是第十五王朝的法老托勒密，他主宰大权之后，取消了僧侣欠交的税款，并为神庙开辟了新的财源，还专门采取一些特殊措施来保护神庙。僧侣

们从中得到不少好处，自然对托勒密感恩戴德。这就是我们一直想要得知的石碑的秘密。

如今，这块石碑已经不在埃及，而被收藏到了伦敦的大英博物馆。就是因为石碑以及石碑上的神秘文字，罗塞塔城开始为全世界所知。

古埃及象形文字主要由3种符号，即表意、表音和部首构成。用以表示某些事物含义或概念的图画，就是表意符号。但是表意符号无法将字的发音表示出来，后来，古埃及人又添加了表音符号。表音符号也是用图形来表示的，共有24个图形，代表24个单子音。这些单子音组合起来，便可以构成许多不同的双子音或三子音。比如，"口"的发音为"Y"，属于单子音；"燕子"的发音为"Ｗｒ"，属于双子音；"甲虫"的发音为"ｈｐｒ"，属于三子音……这些发音并不表示只有一个意思，为了进行区分，古埃及人又发明了部首符号。部首符号其实就相当于汉字里的偏旁部首，主要是为了区分不同范畴的符号。大部分的古埃及文字有部首符号。

埃及的历史不断发展，文字也在不断进步，象形文字虽经多次变化，但最终并没有发展成字母文字。比如，祭祀体文字就是在中王国时期出现的，世俗体文字成形于古埃及后期，科普特文字则出现于罗马统治期间。后来出现的腓尼基字母，其实在很大程度上也受到了古埃及文字的影响。

后来，古埃及灭亡，其象形文字就变成了死文字，被人们彻底遗忘。它形象繁杂，不易学易记，最终被湮没在历史的尘埃中。罗塞塔碑的发现和商博良对古埃及象形文字的精准解读，给了我们一次深入了解古埃及和象形文字的机会。

神奇古都底比斯

底比斯是一座具有传奇色彩的古城，它的兴衰更是古埃及发展的缩影，非常具有代表性。公元前2124年，底比斯成为古埃及的都城，当时古埃及的执政者是第十一王朝法老孟苏好代布。后来，公元前27年，一场大地震彻底摧毁了这座城市。但在2000年的漫长岁月里，这座古城深刻影响着古埃及的发展。

古希腊诗人荷马称底比斯为"百门之都"。其实，在古埃及的古王国时期，它只是一个不出名也不算大的商业中心。但是它的位置非常特殊，位于尼罗河中游，通往西奈半岛和彭特国的水路，以及通往努比亚王国的陆路，都要经过底比斯。如此一来，这里成为众多法老生前居住的城市和死后的冥府。

底比斯坐落于今埃及首都开罗向南700多千米的地方，横跨尼罗河两岸。底比斯右岸，也称东岸，是古埃及当时的政治、宗教中心；左岸，也称西岸，则是法老为自己选择的安息之地。当时，指定底比斯为首都之后，法老孟苏好代布又将阿蒙神奉为了全埃及至高无上的神，称其为"诸神之王"。所以，底比斯的兴衰也跟阿蒙神紧紧相连。为了阿蒙神，法老下令大肆建造建筑物，城市得以迅速发展，因此奠定了底比斯在古埃及历史上的重要地位。

公元前2000年左右，第十二王朝的开创者阿门内姆哈特一世决定迁都，将都城从底比斯迁到李斯特，这使得底比斯的地位稍微产生了一点变化。然而，底比斯的传统没有丢，这里依然在为阿蒙神建造各种具有纪念性的建筑。

公元前1790—前1600年，喜克索斯人入侵古埃及王国，并迅速征服了大半个埃及。此后，他们定都阿瓦里斯，建立了第十五王朝和第十六王朝。至此，底比斯迈出了从繁华到衰落的第一步。古埃及人不堪被奴役，他们在阿赫摩斯一世的带领下，将喜克索斯人驱赶出了埃及，占领了他们的都城阿瓦里斯。他们建立了第十七王朝，建都底比斯，开创了古埃及的新王国时代。

新王国的法老依然希望建都底比斯，他们发动侵略性战争，掠夺了许多财富，并关押了大量战俘。强大起来的民族依然推崇宗教和政治的重要性。他们在东底比斯为阿蒙神和自己建起了一座座壮观的神庙和宫殿，让底比斯成了当时全世界最壮丽的都城。

以往兴建的金字塔陵墓由于过于招摇，经常遭到盗墓者的侵扰。为了避免再出现这种情况，法老们决定换一种建造方法。他们不再

▲ 被毁的底比斯

建造巍然屹立的金字塔陵墓,而是选择一座山,在山坡侧面挖一条地道,在地下修建坟墓。

法老和权贵在西底比斯的一个山谷为自己修造坟墓。那个地方偏僻,很不显眼,但盛产可用于制作建筑材料的石灰岩。这个山谷被后人称为"国王之谷"。直到19世纪,底比斯虽然已经成为一片废墟,但它依然是盗墓者向往的地方。

第二十一王朝以后,底比斯统治集团就显现出了摇摇欲坠的颓势。内部矛盾不断加剧,来自爱琴海以及小亚细亚一带的"海上民族"开始入侵,这都给底比斯的发展带来了巨大的威胁,让新王国的统治呈现出江河日下的趋势。大约在公元前663年,亚述帝国的军队再次入侵埃及,对底比斯进行烧杀抢掠。最终,公元前27年,一场地震彻底摧毁了底比斯城中仅存的建筑物,让这座城市在瞬间倾塌无遗。曾经辉煌灿烂的世界名城,如今只剩下残砖片瓦,破败不堪。

太阳之子——埃赫那吞

　　古埃及第十八王朝的国王名叫埃赫那吞，也就是阿蒙霍特普四世。他所统治的王朝，处于古埃及历史上的强盛时代。公元前1570—前1320年，他发动了多次侵略战争，把王国的版图向北延伸到了叙利亚的卡赫米什，向南则一直延伸到了尼罗河第四瀑布，成了让人敬仰的国王。

　　埃赫那吞是一个具有天赋的统治者，从小就喜欢读书，才华横溢。他的性格也颇具特点，比较执着。在他即位之前，阿蒙神庙中的僧侣在当时的古埃及王国最为得势。这让埃赫那吞特别不满。在他看来，僧侣不仅干涉国家政治，而且在为人处世上也特别骄横。

　　于是，埃赫那吞决定削弱阿蒙神庙僧侣的势力。他果断地采取了一系列改革措施，并且明确针对各种拥护阿蒙神的保守势力。虽然他的改革推行得很顺利，但他的父母却为他感到特别担心。有一天，埃赫那吞向父母请安时，父母劝导他："我的儿子，做事情不要走极端。在阿蒙神的眷顾下，我们的国家得以太平昌盛，这就已经足够了。现在，你这般改弦易辙，薄待阿蒙神及他的信徒，不仅会得罪神明，还会触怒许多人，不如趁还有机会，赶紧收回成命吧。只要打消树立阿吞神的念头，停止一切举动，国内就能再次回归平和。"

　　听完这话，埃赫那吞不高兴了："父亲，您说的这些我也有所耳闻。有人在背后拆台，还有人蠢蠢欲动。我知道，你们与那些人不同，您劝诫我，只是忧心我会让事情变得更糟糕，我也明白您所说的一切。但是那些阿蒙神庙的僧侣实在拥有太大的权势了，甚至还想干预朝政。如今，他们越发嚣张，不仅敢诽谤君主，还在背后煽动百姓，再不采取措施的话，将来必然成为很大的祸患。倒不如直接釜底抽薪，废除阿蒙神，改尊阿吞神，这样江山才能稳固。"父母听完他的话，深知儿子不会随便改变决定，只能由他而去。

正因埃赫那吞的雄心壮志，埃及古王国才会大变样。他推行的一系列改革措施，都取得了理想的效果。国家强大，他作为国王自然成为一代霸主。即位6年后，他决定建立新都埃赫塔吞。新都建设耗费了大量的人力、物力、财力，但它宏伟壮丽，十分气派。

或许是一时的成功让埃赫那吞沾沾自喜，迁入新宫后，他开始沉浸于宗教与宫廷生活，把所有政事都交给麻伊掌管，军事则交给赫伦希布处理。这两个人都和阿蒙神僧侣贵族有利害冲突，干起事来非常卖力。埃赫那吞则越来越荒废朝政，对属下也缺乏有效的监督。时间久了，整个国家由于统治不力，各级管理都出现了问题。虽然没有影响大局，但能看得出这个国家就像一辆陈旧的马车，摇摇欲坠。

埃赫那吞还遭遇过一次刺杀。有一天，他与母亲乘车去阿吞庙祭拜。他坐在车上和母亲聊天，心情十分不错。突然，马车停了下来。原来有人拦在车队面前，声称自己要申冤。埃赫那吞示意那人走上前来，并让书吏长麻伊去接状子。这人一副恭敬的样子，跪行到马车轮下。麻伊则骑马走上前，刚准备俯身从他手里接下状子，突然，只见那人一跃而起，手里握着一柄刚从纸卷中抽出的青铜短刀，猛地朝坐在马车上的法老刺了去。埃赫那吞大惊失色，惊叫一

036

声后本能地向后躲闪，他身旁的母亲则吓得面色惨白，昏了过去。

幸好埃赫那吞身边带着装备精良的卫士，位于车右侧的卫士拿出长矛，刺向刺客的后背。刺客被刺中后，转身便倒了下去，恰好压在法老的身上，而那个刀尖差点儿就碰着法老的鼻子，可谓有惊无险。

国王遇刺的消息传遍大街小巷，全国的臣民都深感惶恐。阿蒙神庙的那些僧侣则借机发挥："谁让他这么悖逆天意，如果他执迷不悟，下一次阿蒙神就不会对他仅仅是警告了，他会受到更严厉的惩罚。"

国王的妻子王后涅菲尔提虽然没有像僧侣这样大放厥词，但是她也劝夫君不要再这么进行下去了。埃赫那吞非但不听，反而对王后大发脾气，这让王后伤心不已。于是，她带着孩子回到了底比斯。直到公元前1326年，埃赫那吞去世，夫妻俩都没有再见面。他的妻子既没原谅他，也没为他送行。随后，9岁的图坦卡蒙即位，埃赫那吞的历史就这样过去了。

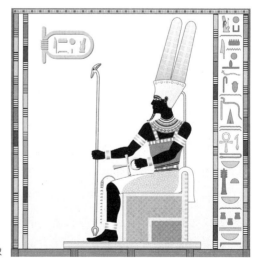

▶ 阿蒙神画像

刻在泥版上的文字

文字是文明传承的重要方式，也是后人了解历史的主要途径。现代人通过发现和解读各种文字史料，才能更接近真实的历史。中国汉字有将近6000年的历史，是世界上最古老的文字之一。另外，还有3种古老的文字，其历史同样悠久，它们分别是：公元前3500年左右出现的埃及象形文字，公元前1000年左右成形的由腓尼基人发明的字母文字，以及古苏美尔人与古巴比伦人共同使用的楔形文字。楔形文字很早就出现了，但要追溯其辨认过程，不得不提及一个2500年前的故事。

大概在公元前522年，波斯大军在皇帝冈比西斯二世的率领下攻打埃及。就在这时，一个名叫高墨达的僧侣突然站出来，谎称自己是被冈比西斯害死的皇弟巴尔迪亚，借此煽动叛乱。恰好，冈比西斯在从埃及返回波斯的途中病逝了。如此一来，波斯贵族陷入群龙无首的境地，国家一片混乱。最终，一个名叫大流士的贵族战胜了其他人，成功登上皇位，并平定了这场持续半年有余的叛乱。对于自己的所作所为，大流士觉得相当满意，于是下令让人把他平定叛乱的故事刻在一块巨大的岩石上，供人们瞻仰。这块岩石就位于米底王国首都埃克巴坦那（今伊朗哈马丹）郊外的贝希斯敦村附近。

以上就是著名的贝希斯敦铭文的故事。这块岩石上共刻有3种文字，包括楔形文字、新埃兰文和古波斯文。1835年，法国学者罗林森发现这个铭文，并制造了拓本。经过8年的努力，他首先破译了古波斯文，将其与楔形文字对照，最终弄懂了楔形文字的含义。

早在公元前4000年，居住在两河流域的苏美尔人，就已经创造并开始使用楔形文字了。刚开始，楔形文字是从右至左竖行书写的。后来，因为书写不太方便，苏美尔人又将字形侧转90度，改成从左到右横行书写。

楔形文字最初是象形的，如果要表示复杂的意义，就要将不同的符号组合在一起。例如，"天"加"水"就表示"下雨"，"眼"加"水"就是"哭"等。后来，随着文字发展，楔形文字中逐渐有了可代表多种意义的符号，如"足"可以用来表示"行走""站立"等含义。人们将这种符号称为"表意符号"。

发展到后来，一个小小的楔形文字符号都能代表一种声音。"星"这个楔形文字，在苏美尔语中的发音是"嗯"，但如果只用于发音的话，其含义就和原来的"星"没有什么关系了。这种只用于发音的符号，就叫作"表音符号"。

后来，为了把意思和发音匹配起来，苏美尔人又发明了部首文字。比如，将一个特殊符号加在人名之前，就表示这个名字属于一位男性。

苏美尔人使用的笔，由芦秆或木棒做成，笔尖呈三角形，落笔时印痕比较深宽，提笔时则比较细狭。因此，这种在两河流域使用的古文字，后来才被人们叫作楔形文字。当时，苏美尔人还没有发明造纸术，他们就用黏土做成一块块长方形的泥版，用自制的"笔"刻上文字，接着再把泥版晾干或烤干，就制成了泥版文书。

苏美尔人遗留的大部分文字材料就是这种泥版文书。截至目前，人们已经从两河流域发掘出数十万块类似的泥版文书。公元前2007

年，苏美尔人的最后一个王朝走向没落、衰亡。古巴比伦王国便把这份文化遗产全面继承，并继续推动它的发展。这便是文字文明的传承。

让人神往的"美索不达米亚"

古代两河流域位于今天的伊拉克一带,"两河"分别是指底格里斯河和幼发拉底河,这里是人类古老文明的发源地之一。古希腊人将两河流域称为"美索不达米亚",翻译过来就是"两条河之间的地方"。希腊人后来的诸多成就,都是在两河流域的基础上发展起来的。

美索不达米亚的南边是巴比伦尼亚,北边是亚述。公元前4世纪左右,苏美尔人来到了这里,建立并发展了两河文明。后来,苏美尔人的伟大文明被塞姆语系的迦勒底人、巴比伦人、阿卡德人和亚述人继承了。两河文明又称"巴比伦文明",这是因为巴比伦人对此文明的贡献最大,不仅推动了两河文明的发展,也促进了人类历史的进步。

两河流域的人很早就发明并发展了楔形文字。虽然这种文字最终并没有发展成拼音文字,但它推动了人类文明的发展。文字将人们口口相传的神话、史诗记录了下来。两河流域早就流传着《吉尔伽美什史诗》,楔形文字出现以后,它成了世界上最早的有记载的英雄史诗。吉尔伽美什以人类保护者的形象出现,蔑视、反抗神明的决定,并渴望破解生与死的秘密。

英雄史诗是两河流域的一大成就,这个地区的神话故事更富启发性。《圣经·旧约》中的故事和两河流域流传的神话有着很多相似之处，如神明都是在第6天创造了人，第7天休息。在两河流域的神话中，人类的先祖是受到引诱而让后代身负原罪，这与《圣经》中蛇引诱亚当和夏娃吃下禁果的故事非常相似。

天文学和数学虽然高深，但苏美尔人依然在这些领域取得了令人瞩目的成就。现在，我们常常使用的数学进制是10进制和60进制，10进制对应日常生活中绝大部分与数字相关的事物，60进制则对应了我们每天都关注的时间。这些我们常常接触的数学进制，就是从苏美尔人那里继承下来的。不同的是，苏美尔人在生活中更多使用的是60进制。我们使用的历法也与苏美尔人有着非常紧密的联系，1年有12个月，就是苏美尔人按照月亮的盈亏规律制定的规则。公元前7世纪，我们现在使用的星期也出现了。不同的是，苏美尔人的一年只有354天，每个星期都有对应的星神在值班。直到今天，这种规则或者说传统依然在为欧洲各国所遵循。

除此之外，两河流域的人们对地理、植物、动物甚至药物等方面知识的发展，也都做出了极大贡献。

两河流域的建筑物都是用一种黏土制成的。这里缺少建筑石料，但黏土资源丰富。聪明的劳动人民在黏土中掺加切碎的大麦秸秆，做成实用的土砖，用其来盖房子、铺路或者垒墙，非常耐用。

在大约5000年前，两河流域的人们学会了制作彩陶，这些彩陶不仅形状多样，色彩也很丰富。那时候，他们在生活中所用的几乎都是陶制品，如酒杯、炉子、油缸以及灯盏等。后来，人们还用陶土烧制棺椁，它看起来就像一个有盖子的长方形大箱子。

除了陶艺水平较高以外，两河流域的金属制造工艺也非常先进。我国商代时期制造的后母戊鼎，成了后人珍藏的文物，而同一时期，两河流域也制造出了一尊重达2吨的青铜铸像，可与后母戊鼎相媲美。他们的手工业也不落后，珠宝、雕刻、皮革、木业、制砖等领域的技艺日渐成熟。

欧洲古代文明的最高成就是古希腊文明。但是，两河文明比古希腊文明更加古老，古希腊人的许多成就是站在两河文明的肩膀上发展起来的。可见，两河文明在当时是多么辉煌、灿烂。

汉谟拉比和刻在石柱上的法典

　　巴黎的卢浮宫内珍藏着一个刻有字迹的圆柱。圆柱正面的7行文字虽已被破坏，却并不影响它的历史价值。这个圆柱上刻着的法典，是世界上现存的一部最古老而又最完整的法典。正是这部法典的存在，让汉谟拉比时代的古巴比伦成为古代东方奴隶制社会中统治最严密的国家。

　　1901年12月，伊朗西南部的苏撒古城遗址迎来了一支考古队。法国人与伊朗人合作，试图在这里挖掘出有价值的文物。一天，他们接连挖掘出几块黑色玄武石，把其中3块拼合起来，恰好是一个椭圆形的石碑。石碑上刻有精致的浮雕，能清楚地看到其中有古巴比伦人崇拜的太阳神沙玛什。他端坐在宝座上，古巴比伦国王汉谟拉比则站在太阳神面前。沙玛什正在将一把象征帝王权力的权标授予汉谟拉比。石碑的下半截，则用楔形文字刻写着汉谟拉比制定的法典。

　　在这个石碑上刻着的就是著名的《汉谟拉比法典》。这部世界上最早的较为系统的法典，一下就把我们带回到将近4000年前的古巴比伦社会。古巴比伦王国位于今天的伊拉克，大概位置是在底格里斯河和幼发拉底河流域。公元前1792年，汉谟拉比即位成为古巴比伦国王。在位40年，他让古巴比伦成为一个强盛的国家，他自己也成了历史上很有能力的一位国王。

汉谟拉比非常勤政，十分关心国家发展。他每天要处理很多事情，如农业、商业和畜牧业的发展，税收征收，民众递上来的申诉状等。但是他一个人的精力是有限的，没办法同时处理这么多事，完全应付不了。于是，他就想出了一个办法，决定编著一部法典。他让大臣把过去的法律条文与社会习惯结合起来，以此作为判案的依据。这部法典完成之后，他下令把它刻在了石柱上，并将石柱立在巴比伦马都克神庙的大神殿里面。

古巴比伦的人民分为3种：奴隶主、奴隶和自由民。毫无疑问，奴隶主是生活在社会上层的。《汉谟拉比法典》中的大部分条文是为了处理自由民的内部关系而制定的，比较简单粗暴，基本上是"以牙还牙，以眼还眼"。

如果两个自由民打架了，一个人被打瞎了一只眼睛，对方就要同样被打瞎一只眼睛作为赔偿；被人打断了腿，也要把对方的腿打断；被人打掉牙齿，就要敲掉对方的牙齿。更令人诧异的规定是，如果房屋倒塌，压死房主的儿子，建造这所房屋的人就得拿自己的儿子来抵命，即"一命抵一命"。

同样的案件，如果发生在其他有身份的人身上，处理方式就极为不同。如果奴隶主把一个自由民的眼睛弄瞎了，只要拿出一定数量的银子就可了事。如果被弄瞎眼睛的是奴隶，就不用任何赔偿。奴隶如果不承认他的主人，只要主人能够拿出他是自己奴隶的证明，这个奴隶就要被割去双耳。法典甚至还规定，如果奴隶打了自由民一巴掌，也要受到割耳的处罚。属于自由民的医生给奴隶主治病，也是胆战心惊的。这是因为，如果奴隶主在开刀时死了，医生就要被剁掉双手。这些规定如今听起来十分匪夷所思，但在那时却是实实在在的法律条例。

那么，这部《汉谟拉比法典》是如何从古巴比伦来到苏撒的呢？这要从两国的战争说起。大约在公元前3000年，一个名叫埃兰的强大奴隶制王国统治着苏撒盆地（今伊朗迪兹富尔的西南方），而埃兰王国的首都就是古城苏撒。公元前1163年，巴比伦被埃兰人攻陷，刻有《汉谟拉比法典》的石柱成了埃兰人的战利品，被运送回苏撒。之后不久，波斯帝国便打败了埃兰王国。

公元前6世纪，波斯帝国国王大流士上台，重新定都苏撒，石柱自然流落到了波斯人的手中，几经流转。圆柱的正面为什么会被损坏呢？据记载，埃兰国王打算在圆柱正面刻上自己的功绩，因此毁掉了原来的字迹。但不知为何，他抹去原来的字迹之后并没有重新刻字。

这部古老的《汉谟拉比法典》，如今依然静静地诉说着当时发生过的故事。

尼布甲尼撒二世

　　《圣经·旧约》中提到过一个国王的故事，给人们留下了深刻的印象，这个国王便是尼布甲尼撒二世。他是古代西亚新巴比伦最著名的国王，曾发动了残酷的"巴比伦之囚"，也制造过浪漫的"空中花园"。后人对他的评价不一而足。

　　公元前7世纪，亚述帝国内忧外患，并迅速走向衰落。此时，居住在巴比伦地区南部的迦勒底人，在那波帕拉沙尔的领导下，与北方的米底人携手，入侵并打败了亚述王国。

　　新巴比伦王国的第一位国王便是那波帕拉沙尔，他即位后任命尼布甲尼撒为统帅，与埃及军队对抗。公元前605年，双方发动决战。此时，尼布甲尼撒充分发挥自己的军事才能，率领军队渡河，沿着西岸向敌人发动猛烈攻击。他切断了埃及人南逃的退路。这场战争打得极为激烈。新巴比伦王国的士兵像潮水一样冲向敌阵，一批倒下去了，另一批接着又冲了上去，埃及军队遭到惨败。

　　埃及军队战败溃逃，但尼布甲尼撒却并不准备收手。他在哈马什全歼埃及军队，取得最终的胜利。新巴比伦王国的一位诗人这样形容在这场战役中的埃及人：他们"好像圈里的肥牛犊，转身后退，一起逃跑"。由此可见，双方力量之悬殊。

　　尼布甲尼撒成了功臣，在国王那波帕拉沙尔去世后，他自然而然就继承了王位。他是一位有雄心和野心的国王。公元前604—前

602年，他对叙利亚、巴勒斯坦地区的诸多小国发动了一系列的征服战争。大马士革、西顿、推罗以及犹太的国王都被迫纳贡称臣。公元前601年，尼布甲尼撒再次与埃及交战，双方都损失惨重，新巴比伦的军队也退回到巴比伦。

这时，犹太国王约雅敬趁机脱离新巴比伦，并投向埃及，单方面结束了尼布甲尼撒的控制。这个消息传到尼布甲尼撒的耳朵里，让他勃然大怒，他发誓要踏平耶

▲ 尼布甲尼撒二世画像

路撒冷。公元前598年年底，犹太国王约雅敬离世，王位由他的儿子继承。此时，耶路撒冷正处于内忧外患之中，内有饥荒和动乱，外有尼布甲尼撒的虎视眈眈。公元前596年，这个城市陷落了。

尼布甲尼撒的怨恨并没有消失。他攻下耶路撒冷之后，开始对这个国家的臣民实行暴虐政策：当着犹太国王西底家的面，杀死了他的几个儿子，然后又剜去了西底家的眼睛。当双目失明的西底家被押到尼布甲尼撒面前时，尼布甲尼撒对他说："这就是你们背叛我的下场！"然后，又下令用铜链锁着西底家，把他带到巴比伦示众。

战争也摧毁了耶路撒冷，城墙倒塌，神庙、王宫和民宅变成了断壁残垣。接下来，尼布甲尼撒还把城市里活着的人都掳到巴比伦，

制造了世界历史上著名的"巴比伦之囚"。

之后，尼布甲尼撒又把目光投向了腓尼基的城市推罗。这里是重要的海港城市和商业中心，地理位置和经济条件都很好。但是这一次，他没有那么顺利，推罗人坚决不投降。这场战争持续了13年，双方僵持不下。据说，新巴比伦队伍里的老兵，头发都掉光了，他们的军装因长期不换，也被磨得破败不堪。最后，没有外援的推罗，只能投降。

尼布甲尼撒既有扩张的野心，也注重自己的文治能力。在他的统治下，外族不敢欺，政治非常稳定，经济发展繁荣。为了彰显自己的功绩，他重修了庞大的巴比伦城。巴比伦城的外城墙是尼布甲尼撒下令建造的。双层的城墙与城门相连，共设有两个门楼，前后共计4道门。城墙非常宽厚，每隔一段距离，便设有战垛和箭楼。著名的伊斯塔尔门，同样也是在尼布甲尼撒时期完成了改建。其墙面用耀眼夺目的琉璃砖做装饰，拼成龙和公牛的图案，阳光照射下来，满壁生辉。由于尼布甲尼撒同巴比伦的神庙祭司关系密切，他新建并修复了许多宗教建筑。其中，最著名的是巴比伦马都克神庙的塔寺，即巴别塔。该塔寺在古代就远近闻名。尼布甲尼撒还重修了通往马都克神庙的大街。

这个富有传奇色彩的国王，还留下了"世界七大奇迹"之一的"空中花园"。尼布甲尼撒娶了米底公主作为妻子，为了不让她思念家乡，下令召集几万名能工巧匠，靠人工堆起了一座山。这座山上种满了各种花草，还搭建有亭台楼阁。真没想到，尼布甲尼撒还有如此情怀。这个故事也被后人津津乐道。

冒犯上帝的城市——巴比伦

　　巴比伦这座城市非常令人神往，它曾是古代两河流域壮丽、繁华的都市之一。这座古城不仅有让上帝惊怒的巴别塔，还有尼布甲尼撒王宫、富有神秘色彩的"空中花园"……古城有内、外两道城墙，城里的建筑物巍峨壮观。

　　公元前1830年，阿摩利人建都巴比伦，正式建立了古巴比伦王国。古巴比伦历代国王中，最出色的便是汉谟拉比。他在位期间，整个国家繁荣、安定。汉谟拉比死后，这个国家经历了500多年的战乱，多次受到外族的入侵。公元前7世纪，尼布甲尼撒成立了新巴比伦王国。大约88年后，新巴比伦王国被波斯人彻底毁灭。繁荣一时的古城巴比伦也未逃过这场浩劫，最终消失在荒草之中。

　　巴比伦又被称作"冒犯上帝的城市"，这要从《圣经·旧约》中的故事说起。在底格里斯河与幼发拉底河之间，有一片平坦而肥沃的土地。人类的祖先发现了这片沃土，决定在此定居。他们的基本生存需求得到了满足，便决定开始在这里修建城池。两河流域最不缺少的就是沙石和泥土。于是，人们决定修建一座高塔，让它可以通到天上，取名为"巴别塔"。日复一日，巴别塔建好了，高高的塔顶冲入云霄。上帝耶和华知道此事之后，从天国下凡来探个究竟。果然，他看到了那座能通天的巨塔，震惊之余，感到非常害怕，也非常愤怒：人类使用着相同的语言，还能修建这样的巨塔，怕是以后没有什么能难住他们了。于是，他决定改变人世间都说同一语言的局面，让人类彼此语言不通，避免再做出威胁上帝的事情。

"巴别"一词，在巴比伦文中有"神的大门"的含义。它的发音像古希伯来语中的"混乱"一词，加之当时居住在巴比伦城中的居民所讲的语言不止一种，所以《圣经·旧约》的作者才会得到灵感，将语言混乱和上帝对建塔者的惩罚联系到一起，编撰出巴别塔的故事。

巴别塔坐落于巴比伦古城的北面，它原本是一座神庙，专门供奉巴比伦人的主神——马都克。神殿设在塔的顶端，有一条直通的石梯可以到达。祭祀神明之际，祭司身着白色法衣，随着乐器伴奏的合唱声，一步步登上塔顶。早在公元前689年，最初修建的巴别塔就已经被攻入巴比伦的亚述国王辛赫那里布破坏了。新巴比伦王国建立之后，尼布甲尼撒二世下令重建巴别塔。当时，全国上下，无论哪个民族或地区，都被要求必须派人参与建塔工程。

▲ 巴别塔概念图

　　后来，即使巴比伦已经被波斯人所摧毁，但人们依然怀念曾经巍峨耸立在城市中的巴别塔。公元前331年，早已荒芜一片的巴比伦被亚历山大大帝占领，他也动过重建巴别塔的念头。然而，如果进行这一计划，不说别的，单单是清除废塔的砖瓦这一工作，就需要耗费巨大的人力、物力。经过权衡，亚历山大只好放弃这个想法。如今，巴别塔遗址所剩下的，只有一块长满野草的方形地基了。

　　1899年，德国考古学家来到幼发拉底河畔寻找巴比伦城的遗址。持续10多年的考古发掘工作，终于有了令人欣慰的结果。尼布甲尼撒二世于公元前605年改建的巴比伦古城遗址，在消失了2000年之后，终于重新面世。

亚述帝国与"血腥的狮穴"

两河流域的北方，曾有一个小小的部落，这个地区的人叫亚述人。公元前9世纪后期，亚述国已经发展成了两河流域最强大的国家，亚述帝国就此崛起。不过，它的发展历史带有血腥的味道。

公元前746年，国王提格拉特帕拉沙尔三世统治了亚述。他和他的臣民建立了一支强大的军队，并且靠齐全的兵种和精良的装备领先世界水平。国王和他的后代靠这支军队先后征服了小亚细亚东部、叙利亚、腓尼基、巴勒斯坦、巴比伦尼亚和埃及等地，发动了大大小小的侵略战争，使亚述帝国成了两河流域和北非一带的军事强国。

靠军事发展起来的亚述帝国，对待不肯投降的国家极其残酷，处理方式令人发指。破城之后，亚述士兵残酷地对待城里的人们，敲碎他们的头颅，割断他们的喉管，火烧他们的房屋，抢走他们的财产，还掳走他们的妻儿。这在他们看来，是提高震慑力的一种方式。

公元前743年，亚述军队攻陷了叙利亚的首都大马士革。但这里的军民拒不投降，拼死反抗。亚述士兵震怒了，砍下的大马士革军民的头颅，竟然堆成了一座小山。亚述人还把成千上万的战俘绑在削尖上端的木桩上，让他们在痛苦中慢慢死去。就连孩子，亚述人也不肯放过，将他们统统杀掉。城中所有的贵重物品都被运回亚述。

公元前8世纪，亚述王辛赫那里布决定迁都，从萨尔贡城迁到尼尼尼微。由于亚述国王及士兵过于残暴，犹太人称尼尼微城为"血腥的狮穴"。这座城市早在公元前2500年就已经形成，是整个美索不达米亚重要的文化中心。公元前7世纪，亚述帝国慢慢衰落。此时，新巴比伦王国和米底王国联手攻进尼尼微，并把这里洗劫一空，最后将这座城市付之一炬。

亚述帝国消失了，名城尼尼微也消失了。人们从历史上知道了这座城市，却只能知道一点点信息而已。1842年，法国考古学家保罗·埃米尔·博塔反复阅读《圣经·约拿书》，最终决定来到伊拉克的摩苏尔市。在这里，他发现了两个不同大小的山冈，大的叫"库容吉克"，小的叫"约拿之墓"。由此他断定，这两个山冈就是古城尼尼微的遗址。

无独有偶。1845年，英国考古学家奥斯汀·亨利·莱亚德在阅读《圣经·约拿书》后，对尼尼微城的遗址产生了兴趣，并进行了深入探究。他在库容吉克山冈度过了6年时间，终于找到了辛赫那里布的王宫和亚述国王巴尼拔的部分藏书室，证明了这里就是亚述帝国的首都尼尼微。1927—1932年，几位来自英国的考古学家再次考察和研究了尼尼微城遗址，并展开大规模的挖掘工作，向下挖掘的深度达到27.5米。在此次挖掘中，考古学家找到了大量的泥版文书和浮雕，这些都是十分珍贵的史料，能够帮助我们更深入地了解亚述帝国和尼尼微的兴衰历史。

尼尼微城遗址虽然被人们发现了，但也产生了一些无可挽回的后果。19世纪，在库容吉克山冈无计划的胡乱挖掘，尤其是为了得到浮雕和泥版而采用的毁灭性挖掘方式，虽然为大英博物馆增添了不少稀世珍宝，却也毁掉了一座历史名城尼尼微的城址遗迹。这是我们深感遗憾的地方。"血腥的狮穴"也从此成为一片荒芜。

宇宙四方之王——居鲁士

公元前10世纪，伊朗高原迎来了两个部落——米底与波斯。这两个部落说着同样的印欧语，在这里定居下来。米底人居住在里海以南，波斯人则住在米底人以南。米底公主曼丹妮生了一个儿子，名叫居鲁士，他就是后来大家所熟悉的"宇宙四方之王"。他出身贵族，天生擅长交际，长大后的他，很快就成了波斯数十个部落的青壮年贵族十分尊重的人物。

一次，居鲁士对跟随他的青年人说："国王让我担任波斯人的领导，那么大家现在回家，取上你们的镰刀，我们一起做一件事。"跟随他的青年人都听从了他的指令，取来自己的镰刀，然后跟随居鲁士来到一大片土地上。这片土地满是荒草荆棘，居鲁士让他们在一天之内砍完这些荆棘。这个任务富有挑战性，但大家还是按时完成了，尽管最后每个人都筋疲力尽。

干完活儿的第二天，居鲁士又把大家召集在一起，不过这次等待着他们的是好事。他把家里的牲畜杀掉，还拿出了美酒。大家聚在一起吃喝玩乐，十分开心。最后，居鲁士站起来问："今天和昨天的感受相比，你们喜欢哪一种？"大家齐声回答，喜欢第二种。他又问："如果你们愿听我的话，就可以天天享受这种快乐和幸福，而不是受昨天那样的苦头。我相信，波斯人在任何方面都不比米底人差，凭什么你们该受他们的压迫？你们应毫不犹豫地起来反抗阿斯提亚格斯。"

听闻此话，这帮波斯青年异常兴奋，因为他们早就对米底国王的统治感到不满，纷纷表示愿意跟随居鲁士"造反"。当然，也有人跑去向国王告密。听到造反消息的国王，立即调集军队，任命王室总管哈尔帕哥斯为统帅前去镇压。哪知哈尔帕哥斯对于国王杀掉他儿子的事一直怀恨在心，率军出发后，竟和其他同党在阵前向居鲁士投降了。

国王听到哈尔帕哥斯投降的消息十分生气，决定亲自带兵出战，却意料之中地打了败仗。波斯军队占领了爱克巴坦那，米底王国灭亡了。就这样，居鲁士"造反"成功，成为波斯的国王。因为他出自波斯10个部落之一的阿黑门尼德族，所以他的王朝又被称为"阿黑门尼德王朝"。虽然他造反成功，可是他对自己的亲人——外祖父并没有进行加害，而是奉养在自己的宫中。此为一段佳话。

天生有征服之心的居鲁士，随后发动了一系列战争。他先是灭亡了吕底亚王国，接着又降伏了小亚细亚沿海的希腊城邦，但他对这些被征服地区的管理方式较为开放，允许他们自己管理。在这些胜利的基础上，居鲁士挥师向东，来到中亚，在今天塔吉克斯坦共和国境内修筑了边境要塞"居鲁士城"，就这样，居鲁士建立了波斯帝国。

当时的巴比伦城异常坚固，城外有宽阔的护城河；城墙是用挖掘护城河时取出的土烧成的砖砌成的，砖和砖之间还涂上了沥青；宽厚的城墙呈四方形，所有的城门，甚至门柱都是青铜铸造的。公元前539年，新巴比伦国王那波尼德收到消息，居鲁士要率兵攻打巴比伦。他不但不担心，反而轻松大笑："让他在巴比伦城墙下大哭吧，也许能把城墙哭倒。"

不过，事情的发展和他想象的不太一样。居鲁士率大军来到巴比伦城下，并没有立刻攻城，而是利用城内反对国王的巴比伦贵族所掌握的军队打开城门。很快，巴比伦城就落入了他的手中。进入巴比伦这座当时世界上最繁华的城市之后，居鲁士决定把波斯帝国的首都迁到这儿，并且宣布自己是"宇宙四方之王"。

从他发动战争的第一天开始，不过10余年，居鲁士便相继消灭了米底、吕底亚和新巴比伦这三大王国，让犹太人和腓尼基人臣服在他的脚下。自此之后，地中海东岸至中亚的广阔地区以及生活在此的诸多民族，都被划入了波斯帝国的统辖范围。

人的欲望是无止境的。占领巴比伦之后，居鲁士把目光投向了埃及。不过，他还是先做好了自己的后方工作，随后才率兵攻打里海地区，准备与马萨革泰人一战。想不到的是，居鲁士竟然被马萨革泰人杀死了，一代"宇宙四方之王"就此结束了他的征服生涯。他死后，他的儿子冈比西斯继位，成了波斯皇帝。

波斯帝国的"大流士改革"

波斯皇帝冈比西斯死后，拜火教僧侣高墨达谎称自己是巴尔迪亚王子，坐上了皇帝的位置。没过多久，他的身份就败露了。波斯贵族发动政变，将高墨达杀死，夺回了政权。但问题又出现了，高墨达死了，谁应该是下一个皇帝呢？7个大臣对此展开激烈争夺，后来欧塔涅斯退出了这场争斗。他提出了自己的要求：不论谁当皇帝，都要尊敬他。其他人理所当然地同意了他的这个要求。

后来，其他6个人决定某天早晨大家在郊外集合，看谁的马先叫，谁就当皇帝。大流士借助马夫使了一个计策，让他的马第一个叫了起来。自然，皇帝的位子就是他的了。

大流士当上皇帝之后，做了许多改革，涉及国家和人民生活的方方面面。因为他的做法具备创新性，后世的历史学家便把他的这些做法称为"大流士改革"。

首先，他认为居鲁士和冈比西斯时期的宫廷内没有规矩，于是亲自制定了非常严苛的宫廷规矩。上朝时，大流士头戴闪闪发光的金皇冠，身穿绛红色的长袍，腰系金丝腰带，手握黄金权杖，高坐在金阶之上。随从和侍卫高擎羽扇和大伞，站在他的后面，场面非常有气势。他和大臣之间用帷幕隔开，据说是怕大臣的呼吸亵渎了皇帝。当然，大臣朝见皇帝时，要跪在地上。

其次，他格外注重把握军权。为了防止出现叛乱，大流士把全国分成许多军区，军区长官只对他负责，任何人无权调动军队。宫内，光是杂役人员就有1.5万人。他还专门建立了一支卫队，名为"不死队"，人数固定，有1.2万人，若队员有意外伤亡，随时由预备队员补缺。

最后，在经济方面，大流士统一了度量衡，在王国铸造和推行金币，取名"大流克"。钱币的正面是他的头像，反面印有弓箭手的图案。如今，"大流克"成为古币收藏家的最爱，具有很高的收藏价值。他还将各行省的贡赋固定下来，以稳定国家经济收入。为了享受，大流士还调集了埃及、巴比伦、腓尼基等地的大批能工巧匠，为他建造宏伟的王宫。

大流士对饮食十分讲究，水和鲜鱼都要特供。当上皇帝之后，他便只喝故乡的水，每天都要派许多人用专门的银筒，把他故乡的水运来。即使在他出游各地时，也不例外。爱琴海的鲜鱼是大流士最喜欢的食物之一。为了保证每天都能吃到最新鲜的鱼，他专门下令修建了一条驿道来运送鲜鱼。这条驿道全长2000余千米，全线设有100多个驿站，每个驿站都有信差。这些信差以接力的方式，快马加鞭地将鲜鱼送到皇宫，以满足大流士的口腹之欲。当时，爱琴海距离大流士的皇宫有几十天的路程，而信使通过这条驿道快马加鞭地运送鲜鱼，只需3天就能走完全程。因此，希腊人羡慕地感叹："波斯王住在巴比伦，爱琴海鲜鱼进宫廷。"

人们将这条驿道称作"皇道"。皇道的开通，对中国的"丝绸之路"也产生了积极意义。这条路在我国汉代张骞通西域后，便成了丝绸之路的东段。此外，大流士还下令挖掘了一条从尼罗河到红海的运河，这就是现代苏伊士运河的前身。当时，因交通便利，沿途又有士兵为商旅行人保驾护航，所以，波斯帝国和印度以及地中海各国之间的贸易往来发展得十分迅速。据说，波斯的水稻和孔雀就是在那个时期从印度引过去的。

　　大流士的这些改革，让他的王国焕然一新。随着波斯帝国的日益强大，公元前500年，大流士对希腊发动了战争。然而，公元前490年，波斯人却在马拉松战役中被希腊人打得溃不成军。10年后，大流士的儿子薛西斯卷土重来，再次挥舞起远征希腊的大旗，结果又一次惨败而归。自此之后，波斯帝国国力大损，逐渐衰落下去，但大流士的这些改革对后世产生了深远的影响。

世界奇书——《一千零一夜》

波斯、古埃及和伊拉克有许多民间故事和传说，经过阿拉伯人民的再创作，真实生动地反映了阿拉伯的社会生活。这些故事歌颂和赞美了人民的智慧，抨击了坏人的邪恶和罪行，合在一起形成了《一千零一夜》这本书。后人称其为"世界奇书"。

在遥远的古代，有个国王名叫山鲁亚尔，他统治着一个岛国。国王忙于朝政，很少与王后相处。偶然的一天，他发现王后正在欢乐地跟奴仆做游戏，这触动了他的敏感神经，于是他开始怀疑王后的忠诚与清白。

失去理智的国王，命人杀掉王后。但这并不足以灭掉他的怒火，他竟然下令要对整个王国的女子施加报复。他制定了一条惨无人道的规定：每天娶一个女子，第二天杀掉，然后再娶，如此反复。接下来的3年，整个王国都被这条恐怖的规定吓到了。适龄女子不是死在国王的刀下，就是逃到了别的地方，以远离国王的视线。

国王的残暴之心并没有随着时间的推移而逐渐消失，他依然命令朝中宰相为他寻找适龄女子。可女子要么已经被送进宫里杀死，要么都逃掉了，宰相再也找不到合适的女子。为此，他焦虑地回到家，准备接受国王的处罚。

他有一个聪明的女儿名叫山鲁佐德。她得知父亲的担忧后，便告诉父亲说她要进宫，拯救天下无辜的女子。尽管宰相十分不舍，可也无可奈何。山鲁佐德就此进宫，并见到了国王。她趁着国王心情不错，就提出了一个请求："我想见一下我的妹妹，明天国王要把我杀了，我想给她讲个故事。"

国王一听来了兴致，不仅批准妹妹进宫，还跟着山鲁佐德的妹妹一起听故事。这个故事叫作《阿拉丁和神灯》。

很久以前，一个穷裁缝生了一个儿子，取名为"阿拉丁"。阿拉丁从小游手好闲，不务正业，这让父亲十分生气。在他十几岁时，父亲终因抑郁成疾，一命呜呼了，留下阿拉丁和母亲艰苦度日。

一天，家中来了一个自称是他伯父的人，要带着15岁的阿拉丁寻找神秘宝藏。阿拉丁一听有宝藏非常高兴，自然跟着伯父走了。但是这个所谓的"伯父"是假冒的，他是一个来自非洲的魔法师。他从占卜中得知，中国地下埋藏着稀世宝物，可以满足人的一切愿望，但必须有一个名叫阿拉丁的大胆、机灵的男孩前去寻取。所以，他冒充阿拉丁的伯父来找他，实际上是想利用阿拉丁。

魔法师带着阿拉丁来到一处荒凉的郊区，他念了一番咒语，大地上出现了一个巨大的口子，神灯就在里面。魔法师把一枚神奇的戒指戴到阿拉丁手上，并让他去取神灯。阿拉丁顺利地取到了神灯，刚想爬上来，结果发现这位"伯父"只想要灯，不想让他出来。阿拉丁非常愤怒地跟他争吵起来，结果惹怒了魔法师。他念动咒语，把阿拉丁埋在了地下。

这下可糟了！阿拉丁被埋在了黑漆漆的地下，他急得直跺脚。不料，他不安的举动触发了戒指上的小机关。一阵浓烟过后，一位神仙出现在阿拉丁的面前。他看着目瞪口呆的阿拉丁问："你把我叫出来，有什么吩咐吗？"阿拉丁马上回答："请送我回家。"

话音刚落，阿拉丁果然就回到了家里，他的手上还拿着珠宝和神灯。他母亲看到这盏灯有些脏了，就拿抹布想把它擦干净一些。结果，她不小心又触发了一个机关，又出来了一位神仙，询问阿拉丁有什么吩咐。这一次，阿拉丁说："请给我和母亲一点食物。"桌上马上出现了美味佳肴，香气四溢。

在神灯的帮助下，阿拉丁和母亲的生活越来越好。他学会了做生意，不再游手好闲，生活得十分惬意。他还认识了一位美丽的公主，并让神灯给他盖了一座世界上最富丽堂皇的宫殿，和公主过着幸福美满的生活。从此以后，他再也没有使用过神灯。

这个故事讲完之后，国王意犹未尽，他看着山鲁佐德，认真地对她说："明天我不会杀你，但是你还要讲故事给我听。"第二天，山鲁佐德果然又给国王讲了一个动听的故事。第三天、第四天……均是如此。国王越来越喜欢听她讲故事，因此也越来越不舍得杀掉她。

终于有一天，国王在听完山鲁佐德的故事后，动情地对她说："以后你不用再讲故事了，我不会杀掉你的。"于是，他们幸福地生活在了一起，白头到老。国王让史官记载了山鲁佐德讲述的全部故事，这就是我们熟悉的《一千零一夜》。

第二辑

推开异域之门

流浪的犹太民族

阿拉伯大沙漠位于非洲东北部，是全球第二大沙漠。这片沙漠时常黄沙肆起，气温也是冰火两重天，白天炙热难耐，夜晚又异常寒冷。4000多年前，一支游牧民族穿过这片沙漠，寻找新的绿洲。

这支游牧民族叫"塞姆族"，由多个部落组成。他们因时常迁徙，又被称为"闪族"。当他们穿越沙漠，抵达沙漠北边后，每个人都喜极而泣，因为在他们眼前出现的，是一片广阔而肥沃的、形状像一轮新月的绿洲。

历经千辛万苦的塞姆人立即决定，要在这片沃土上居住。然而，他们不知道的是，这片土地早已有人居住了。所以，塞姆族和当地人发生了数场争斗，屡败屡战，终于占领了这片土地。没多久，塞姆族中一支希伯来人的部落开始不安分起来，他们想要开辟新的领土，目标是新月形沃土中的那条狭长地带。

这片狭长地带土地肥沃，植被茂盛，被当地人称为"流着奶和蜜的地方"。不过，这片土地早就被一支迦南人的部落占领。为了占领这块土地，希伯来人朝迦南人发动进攻。他们并不是第一批打这片沃土主意的人。为了守卫家园，英勇的迦南人早已身经百战。所以，毫无意外，希伯来人大败。

公元前1700年左右，新月形沃土上的斗争越来越频繁，资源越发紧张。一直徘徊在这片土地边缘地带的希伯来人，收拾好行囊，赶着牧群，离开了这片土地。在希伯来人首领的带领下，他们前往尼罗河三角洲，并在三角洲东部的草原上定居下来。

当时，尼罗河三角洲有一个庞大的国家——埃及。在埃及法老拉美西斯二世即位之前，希伯来人的生活一直很平静、幸福。但拉美西斯二世即位以后，他们的生活发生了翻天覆地的变化。这是因为拉美西斯二世是一个热爱建造的人。为了建造宫殿，他迫使希伯来人成为自己的奴隶。此后，希伯来人就开始了挖矿石、建造宫殿的劳役生活。

后来，埃及发生动乱。希伯来人在首领摩西的带领下，逃出了埃及。摩西提议他们重回巴勒斯坦。不过，在劳役的摧残下，希伯来人早已对生活失去信心，对未来失去希望。面对迷茫而颓废的族人，摩西也很无奈，只好带着族人四处流浪。

后来，摩西对族人宣称，他在西奈山的山顶得到了耶和华的神谕和约法。他告诉族人，这份神谕能让他们获得幸福。当时，耶和华是希伯来人供奉的神。这个消息令希伯来人重新振作起来，摩西也就成了犹太教的创始人。神谕和约法被希伯来人放入柜子，这个柜子被称为"约柜"，是犹太教的"圣物"。

摩西死后，约书亚成为新的首领。在他的带领下，希伯来人重回巴勒斯坦，在与迦南人多次战斗过后，终于定居下来。然而，这样的安稳生活还没有百年，希伯来人又陷入动乱之中，因为他们的各个部落都想争夺首领之位。

对希伯来人来说，只有族中最英勇的人才能成为首领。当时，各部落的小首领都宣称自己是最英勇的人，但其他部落的人并不认同。后来，希伯来人还遭受了腓力斯人的入侵。他们不仅战败，还被抢走了族中圣物"约柜"。后来，一个名叫扫罗的年轻人在战斗中表现机智而英勇，希伯来人一致推选他为新的首领。

扫罗带领希伯来人同腓力斯人展开数场战斗。他死后，他的属下大卫继任了首领的位置。在大卫的带领下，希伯来人不仅打败了腓力斯人，还夺回了被抢走的圣物"约柜"。大卫趁着希伯来人士气高涨，对迦南人发动进攻，占领了对方一座名为"耶路撒冷"的小城市。

当时，希伯来人部落中最大的一个是犹太部落，大卫就来自犹太部落。他在希伯来人的领土上建立了犹太王国，建都耶路撒冷。之后，大卫没有再发动大的扩张，而在耶路撒冷修建神殿，其中一座神殿供奉着圣物"约柜"。

大卫死后，他的儿子所罗门继承王位。所罗门是一位很聪明的国王，不仅注重对外扩张，还致力于王国内部的发展。在他的管理下，犹太王国发展得异常繁荣。所罗门与他的父亲一样，也喜欢修建神殿。他在耶路撒冷的一座山峰上修建了巍峨的宫殿，圣物"约柜"也被转移到这座宫殿中。

公元前586年，巴比伦王国入侵犹太王国。面对强悍的巴比伦人，犹太人毫无招架之力。犹太王国灭亡后，还没来得及逃离耶路撒冷的犹太人就成了巴比伦人的俘虏，并被带去了巴比伦。几十年后，巴比伦遭到更强大的波斯帝国的进攻。征服巴比伦后，波斯国王居鲁士释放了犹太人。

犹太人回到耶路撒冷，但因实力薄弱，时常会遭到外族的入侵。尽管这样的生活苦不堪言，但好在还能守住家园。公元66年，罗马的入侵令犹太人再次失去了家园，也失去了圣物"约柜"。

罗马人攻城时，屠杀了大量的犹太人，部分幸存的犹太人被带去罗马，成了奴隶或角斗士，还有一部分人流浪到了世界各地。之后，犹太人流浪了1000多年，也因此被称为"流浪民族"。

寻找"约柜"和"所罗门珍宝"

传说犹太民族有两大珍宝：一是圣物"约柜"，二是所罗门珍宝。那么，这两样珍宝具体是什么？现在又在何处呢？

《圣经》中记载，耶和华是上帝，创造了世间万物，掌管着人间的一切。犹太人是极其信奉耶和华的民族。在犹太民族的历史上，他们曾经是埃及法老的奴隶，后来在首领摩西的带领下，逃出了埃及。

逃亡途中，摩西经过西奈山。他看到山顶散发着金光，便登上山顶。据说，在山顶，他见到了上帝耶和华，并得到了上帝的神谕和约法。后来，摩西将神谕和约法刻在石板上，放入柜子。这个柜子就是被犹太民族奉为圣物的"约柜"，摩西则是犹太教的创始人。

摩西死后，犹太人又换了几届首领，后来被大卫继任。在大卫的带领下，犹太人攻占了迦南人的一块土地，之后建立了犹太王国，并将攻占的土地取名"耶路撒冷"。在希伯来语中，"耶路撒冷"是"和平之城"的意思。

大卫在耶路撒冷修建了众多宫殿和神殿，令耶路撒冷看起来无比富丽堂皇。大卫死后，他的儿子所罗门继位。所罗门除了大肆修建宫殿和神殿外，还向被征服的部落收取贡品。这些贡品全都是金银珠宝和珍稀的宝物。后来，他在耶路撒冷的锡安山上建了一座神殿，并将犹太人视为圣物的"约柜"和大量的金银珠宝放在神殿之中。这些金银珠宝就是传说中的"所罗门珍宝"。

后来，巴比伦王国入侵耶路撒冷，犹太王国灭亡。犹太人不仅成了巴比伦人的俘虏，他们的神殿也遭到巴比伦军队的焚烧。后来，巴比伦灭亡，这两样珍宝也湮没在了历史的尘埃中。

犹太王国灭亡之后，人们寻找"约柜"和"所罗门珍宝"的步伐从来没有停歇过。据说，最开始寻找宝物的，是一个名叫耶利来的人。

耶利来是犹太人，是犹太民族中以色列部落的长老。他在耶路撒冷被巴比伦攻破后躲了起来，才没有成为巴比伦人的俘虏。直到巴比伦军队离开耶路撒冷，他才前往被烧毁的锡安山神殿。在已经成为废墟的神殿中，他找到了"亚伯拉罕巨石"，可是放在巨石上的"约柜"已经不翼而飞。与此同时，他也没有找到神殿中的"所罗门珍宝"。

20世纪以后，根据传说，一些学者认为"亚伯拉罕巨石"下有一个暗洞，"约柜"和"所罗门珍宝"一定藏在暗洞中。之后，先后有数批人展开挖掘工作，但都无功而返。

犹太民族的圣物"约柜"和"所罗门珍宝"究竟在哪儿？时至今日，这依旧是一个未解之谜。

所罗门的智慧与印章

大卫建立了犹太王国，他过世以后，他的儿子所罗门继任为国王。据说，所罗门是一个智慧非凡的人。《圣经》中记载了一个关于所罗门的故事。传说，所罗门小的时候并没有那么聪明，直到有一天做了一个梦之后，他才成了有智慧的人。在梦里，他见到了上帝耶和华。耶和华问他想要什么，他说想要过人的智慧。有智慧，他才能治理好国家。之后，所罗门变得异常聪明。后来，很多智者慕名而来，找所罗门探讨各种问题，结果纷纷拜倒在他的见解之下。这让所罗门智慧过人的说法流传更广了。

那么，所罗门究竟有多聪明呢？其实，从他将犹太王国治理得繁荣昌盛之中，就可以窥见他的过人之处了。所罗门在位期间，犹太王国的版图扩张了数倍。他鼓励犹太人与腓尼基人进行贸易往来，这使得犹太王国的经济异常繁荣；提倡与埃及人通婚；将全国划分为12个行政区，增设官职，以方便中央统治；修建宫殿、神殿以及基础设施，耶路撒冷因此变得异常繁华；等等。

这足以证明，所罗门是一个聪明的人。值得一提的是，犹太人会用"所罗门的智慧"来夸奖一个人的聪慧。

传说，犹太国王所罗门有一枚印章。这枚印章拥有神奇的魔力，能够驱使魔鬼。所罗门拥有的财富，就是他驱使魔鬼搬运来的。

这枚印章的图案是一颗六芒星，由两个等边三角形交叠构成。

它有特殊的含义，代表着宇宙的"四大元素"，以及太阳系中的7颗星星和7种重要金属。

在六芒星中，正三角代表火，倒三角代表水，代表火的三角形被代表水的三角形截断，代表风；代表水的三角形被代表火的三角形截断，代表土。此外，在六芒星中，正三角的顶角代表月亮和银，倒三角的顶角代表土星和铅。两个三角形交叠后，左边的上、下两个角分别代表火星和铁、木星和锡，右边的上下两个角分别代表金星和铜、水星和汞。六芒星的中间则代表太阳和金。

这个图案蕴含宇宙星辰、天地万物，在当时既是国家的象征，也是权力的象征。后来，所罗门印章上的图案成了犹太文化的标志。

摩西"十诫"

《圣经》上记载，摩西获得了上帝的神谕和约法，这些内容后来被摩西刻到了石板上，并放入圣物"约柜"。

所谓的"约法"，其实就是十条诫命，即：只能信仰上帝；不能制造、崇拜偶像；不能随意称呼上帝的名字；谨守安息日为圣日，这一日要停止工作；要孝顺、敬爱父母；不可以杀人；不可以偷窃；不可以奸淫；不可以诬陷他人；不可以起贪心。

后来，摩西创立了犹太教，摩西"十诫"则成了犹太教的重要律条。

宗教圣地——哭墙

耶路撒冷是著名的宗教圣地。在耶路撒冷的旧城遗址上，屹立着一面墙。这面墙就是著名的"哭墙"，又被称为"西墙"。它被称为"哭墙"，不是因为墙面会哭，而是犹太人来到这面墙前时，会对着墙哭泣。

这面墙是怎么发展成"哭墙"的呢？这要从公元前11世纪说起。当时，大卫统一了希伯来人的各个部落，并以自己的部落的名字为名，建立了犹太王国，又将从迦南人手上占领的耶路撒冷定为王国的首都。大卫死后，所罗门继承王位，在耶路撒冷的锡安山上建造了一座神殿，将犹太教的圣物"约柜"和搜罗来的财宝放入神殿。这座神殿被犹太人称为"第一圣殿"，是犹太人的朝圣地。

公元前586年，新巴比伦王国入侵犹太王国。犹太王国灭亡，第一圣殿也被巴比伦军队烧毁。颠沛流离了半个多世纪后，犹太人又回到了耶路撒冷，并在第一圣殿的遗址上建造了第二圣殿。

公元64年，罗马帝国入侵耶路撒冷。犹太人背井离乡，到世界各地流浪。到了公元70年，犹太人发动数场起义，全都遭到罗马人的镇压，罗马人还烧毁了犹太人的圣殿。后来，犹太人在圣殿残骸的西面修建了一道围墙。在罗马帝国统治时代，皇帝定下一日，允许犹太人来圣殿的西墙哭泣祷告。犹太人一面哭泣，一面祷告复国，"哭墙"之名由此传开。

▲ 耶路撒冷的哭墙

　　后来，犹太人建立了以色列国，哭墙则成了他们的精神寄托。时至今日，犹太人还是会在安息日那天来到"哭墙"前，一面哭泣，一面祷告。

死亡之丘——摩亨佐·达罗

在巴基斯坦信德省的南部，有一片沙漠。这里环境恶劣，黄沙时常肆起，完全不适合人类居住。但是，就在这片沙漠之下，竟然藏着一座规模巨大的城市。不过，这座城市已经被荒废，成了一片废墟。它屹立在沙漠之中，仿佛在证明这片沙漠曾经也热闹非凡。这座城市名为摩亨佐·达罗。

摩亨佐·达罗建于公元前2600年左右，面积约260公顷，在公元前1900年左右成为废墟，之后被黄沙掩盖，直到1922年才被人们发现。据说，最初发现这座城市的是来自印度的一支考古队。不过，当时他们没有进行大面积挖掘，到了1930年，才有人展开了大规模的挖掘工作。经过几十年的挖掘和整理，这座城市才重现于世。

值得一提的是，考古学家在挖掘时发现了许多被摧毁的痕迹，在城市的街头巷尾有无数的骸骨，又因它处在沙漠中，人们又将摩亨佐·达罗称为"死亡之丘"。

经考古学家研究发现，摩亨佐·达罗与古埃及、美索不达米亚同处一个文明时期，是当时的著名城市之一。这座城市靠近印度河右岸，所以被视为印度河流域文明的重要城市。那么，过去的摩亨佐·达罗究竟有多辉煌？它又是如何被毁灭的呢？

历史记载，在这座城市居住的是达罗毗荼人。他们有着高度发达的文明，如统一了度量衡和货币，创造了文字，主动与其他文明进行贸易往来等。所以，这座城市在当时极其繁荣，挖掘出来的遗址也能证实这一点。

从遗址来看，城市规划十分科学，有着先进的供水和排污系统。城市房屋用烧制的砖砌成，考古学家认为，这种房屋的砌砖方法比现今还要精密。城内有众多的浴池、粮仓、会议厅等公共建筑。从挖掘出来的度量衡器具和船只，也能遥想当时城市之繁荣……这都足以佐证摩亨佐·达罗拥有高度发达的文明。

考古学家在遗址中还挖掘出大量精美的石雕、印章、陶器、纱、布和青铜器等物品，这不仅能证明摩亨佐·达罗的繁荣，也能证明城中居民的智慧和文化艺术创造力已经达到了很高的水平。

关于摩亨佐·达罗的毁灭之谜，人们有以下几种观点：

第一种观点：摩亨佐·达罗毁于自然灾害。持这种观点的学者认为，摩亨佐·达罗靠近印度河，在数千年前，印度河曾河水泛滥。特大的洪水不仅淹没了古城，也淹死了城中居民。不过，这个观点遭到了其他学者的反对，因为遗址中有大量的人类骸骨，但没有发现被洪水席卷的痕迹。

第二种观点：摩亨佐·达罗毁于瘟疫。持这种观点的学者认为，数千年前，摩亨佐·达罗暴发了一场瘟疫，城中居民因此不得不离开这座城市。城市遗址内的骨骸，其实就是得了瘟疫而死去的居民。这个观点依然遭到了其他学者的反对。因为从城中骨骸的所在位置来看，他们生前不是在散步，就是在家中干活儿。另有医学家对骨骸进行过研究，没有发现突发瘟疫的痕迹。

第三种观点：摩亨佐·达罗毁于外敌入侵。持这种观点的学者认为，摩亨佐·达罗遭到了外敌的大规模入侵，城中遗址内的骨骸是外敌屠杀留下的。这个观点也遭到了其他学者的反对，因为摩亨佐·达罗的规模庞大，不仅军事力量强大，在防御准备和后勤储备上也很充足。在当时，应该没有哪个外敌能在一夜之间摧毁摩亨佐·达罗，屠杀城中无数的居民。

第四种观点：摩亨佐·达罗毁于大爆炸。这种观点与之前的几种观点相比较，显得有些天马行空。但持这种观点的学者在研究摩亨佐·达罗后发现，城中有明显的爆炸后遗留下来的痕迹。爆炸中心点的建筑全被摧毁，而爆炸点外的建筑，越往外辐射，摧毁程度越低。这些学者发现，在印度历史中，也流传着发生过一起大爆炸的说法。同样，这类观点也遭到了其他学者的反对。

摩亨佐·达罗的毁灭原因至今依然是个未解之谜。

古代印度的种姓制度

不论是古代印度还是现代印度，都在实行种姓制度。所谓的"种姓制度"，其实是一种以血统论为基础的社会体系，也被称为"贱籍制度"。

印度的种姓制度是怎么诞生的，不同种姓之间又该怎样划分呢？这要从雅利安人的入侵说起。

梵语中，"种姓"的原意为"颜色"或"品质"。当时，雅利安人是白种人，印度原住民是肤色偏黑的人种。在雅利安人心中，肤色深的种族都是低贱的。所以，雅利安人入侵印度之后，为了区分雅利安人的高贵和印度原住民的低贱，便制定了种姓制度。种姓制度就这样诞生了。

在印度，种姓制度将人划分为四个等级，分别为婆罗门、刹帝利、吠舍和首陀罗。前三个等级都是雅利安人，首陀罗则是印度原住民。不同种姓的人，在社会上的地位、拥有的权利、从事的职业、须尽的义务都是不同的。

婆罗门是种姓制度的最高等级，由僧侣组成，拥有祭祀、解释宗教经典、享受奉献的权利，须尽的义务有主持国内的文化教育活动、报道农时季节等；刹帝利是第二等级，包括国王、贵族和武士，这个种姓掌管着国家的军政大权，须尽的义务是守护和供养婆罗门；吠舍是第三等级，是雅利安人中的商人、手工业者和农民，他们没有政治权利，须尽的义务是供养前两个等级；首陀罗是第四等级，是印度原住民，只能从事低贱的工作，如农民、奴隶、苦力等。

此外，种姓制度还有着各种严格的规定。比如：种姓制度是世袭制的，一个人从出生起就被决定了其所属的种姓，不易更改；各个种姓的人不得通婚，特别是首陀罗，不得和其他种姓的人通婚。一旦首陀罗的男子和其他种姓的女子生下孩子，孩子就会被定为"不可接受的贱民"，即旃陀罗。在印度，旃陀罗是更为低贱的存在，世世代代都要从事最低贱的工作。

虽然印度在独立后废除了种姓制度，但种姓制度的观念还是根深蒂固地刻在了印度人的骨子里。所以，印度的很多地区，现今依然在执行种姓制度。这种种姓制度是印度社会和经济发展迟缓，人民之间充满隔阂和对立的原因之一。

《摩诃婆罗多》的故事传说

印度文学史上，有两大史诗级巨作：一部是《罗摩衍那》，另一部是《摩诃婆罗多》。而《摩诃婆罗多》比前者更加赫赫有名。

《摩诃婆罗多》是一部以英雄史诗为核心的长诗，内含大量的故事传说，还涉及宗教、哲学、法典、自然科学等，所以被称为"百科全书式的史诗"。对印度人民来说，这部史诗巨著是印度的灵魂。

那么，《摩诃婆罗多》讲述了什么呢？

传说，天上有8位天神，他们是兄弟，娶的妻子都非常美丽。一天，8对夫妻厌倦了天上的生活，便相约去了人间。

来到人间后，一位天神的妻子看到一头母牛正带着小牛在吃青草。这头母牛皮毛光滑，如绸缎一般，看上去极为漂亮，便想将母牛带回天上去。不过，她的天神丈夫极为反对，因为他知道，这头母牛不是普通人家的，而是属于法力无边的极裕仙人。天神的妻子不听劝说，执意要带走母牛。天神无可奈何，只能请求他的兄弟帮忙。就这样，母牛被带去了天上。

事情被极裕仙人知道后，他大发雷霆，并诅咒偷走他牛的八兄弟被贬入凡界为人。很快，极裕仙人的诅咒应验了，八兄弟被贬到人间。不过，在此之前，八兄弟曾向极裕仙人恳求能从轻发落。极裕仙人看八兄弟态度诚恳，已经知错，便将惩罚减轻，除了偷牛的主谋须留在人间外，其余七兄弟只需去人间走一遭。

恒河女神在神界颇有美名，八兄弟便想投生为她的孩子。恒河女神答应了，她来到人间，化身成美丽的女子，与国王结婚了。在此后的每一年，她都会生下一个孩子，这些孩子就是那八兄弟。

恒河女神每生下一个孩子，都会将他扔进恒河。当恒河的水洗去孩子身上的罪恶后，他立马就能恢复天神的身份。就这样，恒河女神一共扔了7个孩子。天神七兄弟如极裕仙人诅咒的那般，去人间走了一遭，后重新成为天神。恒河女神生下第8个孩子，正准备将孩子扔进恒河时，遭到了国王的阻止，国王质问她为什么要那样做。

恒河女神在与国王结婚前，与他有一个约定，就是国王不得干涉她的任何行为。国王违约之后，恒河女神向国王讲明前因后果，就带着孩子离开了。恒河女神将孩子送去一位本领极大的仙人那里学习各种知识和本领。孩子长大后，国王立他为太子。

恒河女神离开后，国王非常伤心、难过。一次，他看中了一位美丽的渔家女，想娶她为妻。渔家女的父亲不反对这桩婚事，但有一个条件，就是国王要立他女儿生下的儿子为太子。国王拒绝了这个要求，因为他已经立了他与恒河女神的儿子为太子。太子见父亲闷闷不乐，便找到渔家女的父亲。他向父女俩发誓，会放弃太子之位，并且一辈子不结婚。最后，渔家女嫁给了国王，并先后生下两个儿子。

渔家女的大儿子早夭，小儿子奇武结婚后也生下两个儿子。大儿子持国眼睛看不见，但他生下了100个智慧过人的儿子；小儿子般度也生下5个武力出众的儿子。这100多个孩子长大后，开始争夺王位。最初，持国和般度的儿子各成一派，持国的儿子好几次暗中算计般度的儿子，但后者都化险为夷。

一次，邻国的一位公主举办招亲大会。她规定，谁能射中转动着的鱼眼，她就嫁给谁。般度的一个儿子射中了鱼眼，但他的母亲要求五兄弟共娶公主，他听从了母亲的话。

在公主的帮助下，般度的5个儿子回到国内，得到了一半的领土。持国的100个儿子为了驱逐这五兄弟，又想了一个坏主意。结果，五兄弟中计，离开国家，前往森林流浪。按照约定，他们要在森林中度过12年，才能回国。五兄弟按照约定，在第13年，他们回了国，并要求持国的儿子归还一半的国土。

这一次，持国的儿子拒绝了，他们向般度的5个儿子宣战。结果，持国的儿子全部战死，国家的管理权被般度的5个儿子夺取了。

般度的儿子看到国家民不聊生，自己的堂兄弟又纷纷死去，不禁心里愧疚难安。最后，他们将王位传给后代，自己则带着妻子去修道了。

《摩诃婆罗多》与印度的圣典一样，书中的故事都是口口相传的。它的成书时间是在4世纪左右。这部史诗除讲述了上述故事以外，还描写了古印度各阶层的生活，极具考古价值，是一部珍贵的史诗巨作。

"吠陀文学"小释

在众多的印度书籍中，我们时常看到带有"吠陀"两字的书名。那么，"吠陀"究竟指的是什么呢？"吠陀"是印度古语的译音，有"知识""启示""智慧"之意。它也是印度最古老的文体形式，主要文体包括赞美诗、咒语、祈祷文和宗教诗歌。

吠陀中有众多的经典作品，其中"四吠陀"最为闻名。"四吠陀"指的是古印度婆罗门教的4部圣典，由婆罗门的祭司世代口耳相传而来。这4部圣典分别为赞美诗《梨俱吠陀》、歌谱《娑摩吠陀》、经文《耶柔吠陀》，以及咒语《阿达婆吠陀》。吠陀除了正文以外，还有附录。从广义上来说，附录的衍生文集也属于吠陀本集，比较著名的有《奥义书》《薄伽梵歌》等。

在"四吠陀"中，《梨俱吠陀》是最古老、最具文学价值的作品。这部作品共包含1028首诗歌，其中最早的一首可以追溯到公元前3000年。作品中诗歌所描述的内容包罗万象，涉及神话传说、自然现象、社会现象等，也有关于祭祀的众多内容。

在《梨俱吠陀》的基础上，又出现了《娑摩吠陀》和《耶柔吠陀》两部作品，前者是一本歌谱，后者是一部用于祭祀的经文。《阿达婆吠陀》则是一本咒语集，其中的咒语主要用于驱邪镇灾。

"四吠陀"的内容虽然早就有了，但直到19世纪，才被系统地整理并印刷出来。自此，吠陀作为印度特有的一种文体形式，开始为世人所知。

迦梨陀娑和《沙恭达罗》

迦梨陀娑是印度著名的梵语诗人、剧作家，创作了众多的作品，其中《沙恭达罗》最为知名。

印度文献中，有关于迦梨陀娑生平的记载很少，并且都是用传说的方式记录下来的。在众多的传说中，有一种广为流传。

据说，迦梨陀娑出身婆罗门。虽然他出身高种姓，但家中并不富裕。在他很小的时候，他的父母就过世了，他被一个牧户收养。迦梨陀娑有着极为俊朗的样貌，但人却不聪明。一天，他见到一位美丽的公主，后来又阴差阳错地娶到了这位公主。最初，公主对迦梨陀娑很好，但时间久了，她发现迦梨陀娑是一个极其愚钝、没有情趣的人，这令她难以忍受。后来，公主将迦梨陀娑赶出家门，让他到迦梨女神庙去祈祷自己能变得更聪明。迦梨陀娑去了迦梨女神庙，在他祈祷后，女神显灵了，给予了他很多智慧，令他成为大诗人。这个传说与迦梨陀娑的名字有密切的关联，因在梵语中，"迦梨陀娑"的意思就是"迦梨的奴仆"。

迦梨陀娑一生创作了许多作品，如抒情长诗《云使》、叙事诗《鸠摩罗出世》《罗怙世系》，以及剧本《摩罗维迦与火友王》《沙恭达罗》等。《沙恭达罗》被誉为印度最经典的文学作品之一。

在梵语中，"沙恭达罗"的意思是"孔雀女"。《沙恭达罗》讲述的是净修林女郎沙恭达罗和国王豆扇陀的爱情故事。国王豆扇陀在净修林中狩猎时遇见了沙恭达罗，两人一见钟情，并结为夫妻。后来，豆扇陀不得不告别沙恭达罗，他将一枚戒指送给了沙恭达罗，作为定情信物。后来，沙恭达罗怀孕了，她在寻找豆扇陀时将戒指弄丢了。由于受到仙人的诅咒，豆扇陀完全忘却了往事，所以拒绝接纳沙恭达罗。直到后来，豆扇陀找回了戒指，他才得以破除仙人的诅咒，与沙恭达罗重修旧好。

《沙恭达罗》中的人物形象饱满，故事情节跌宕起伏，受到全世界众多读者的喜爱。时至今日，它作为经典依然常常被搬上舞台。

恶魔阿修罗

在佛教神话中，阿修罗是半神半人的大力神，因信奉佛法，且多次与佛的对头提婆作战，被封为"佛教的护法神"，位列"天龙八部"之一。在印度的众多圣典中，阿修罗既是神的化身，也是恶魔的代表。到了古印度后期，他彻底被定义为恶魔。

作为恶魔的阿修罗，有着众多的形象。譬如，他有男、女两个化身，男性化身极为丑陋，女性化身则极为美艳；有的形象有九头千眼，能口吐火焰；有的是三头六臂，面色青黑；等等。既然阿修罗被认定为恶魔，那么他做了哪些恶事呢？

与其说阿修罗是个恶神，不如说他是个战神。阿修罗性格暴躁，多疑善妒，特别爱斗争，一言不合就会和其他天神战斗，也不听任何天神的劝诫。这令众神苦不堪言。后来，阿修罗遭到众神的围攻，在不敌众神的情况下，他躲到了莲藕孔里，故而有莲藕中藏着阿修罗的说法。阿修罗没有是非观，也不信正法，死后堕入了佛教六道中的阿修罗道。

阿育王的"黑""白"时代

阿育王，别称"无忧王"，是印度孔雀王朝的皇帝。他的前半生被称为"黑阿育王"时代。后来，阿育王意识到自己杀戮深重，皈依佛教，并致力于佛教的发展。所以，后半生被称作"白阿育王"时代。

阿育王出身于孔雀王朝王族，有许多同父异母的兄弟姐妹。他从小就参与军事训练，以提升自身战斗素质。据说，他在很小的时候，就曾用一根木棍杀死过一只狮子。

阿育王的父亲去世后，为了争夺王位，他与自己的兄弟展开了残酷血腥的斗争，最后继承王位。阿育王是一个极有野心的人，在继承王位后没多久，便开始对外扩张。他先是征服了迦尸国，后又率兵征战羯陵伽国。

当时，羯陵伽国极其富裕，有着发达的海外贸易。正因为如此，阿育王才决定征战羯陵伽国。不过，羯陵伽国不是块好啃的骨头，它也是一个军事强国，除了兵力充足外，还有数百头战斗力十足的战象。

阿育王很有军事才能，很快就在这场战争中取得了胜利。攻破羯陵伽国的都城后，他手下的士兵对城里百姓进行了屠杀，足足杀了10多万人，随处都是倒在血泊中的尸体。阿育王住进羯陵伽国皇宫的前几天，每天晚上都会梦到屠杀的场景。战争结束后，阿育王受到佛教高僧的指引，皈依佛教，开始推进佛教的发展。

阿育王成为佛教徒的第一件事，就是向羯陵伽国的人民发布一条敕令。在敕令中，他承认了自己的罪孽，并宣布停止征战的步伐。如果发生不可避免的战争，他也不会再滥杀无辜。

阿育王将佛教定为国教，除了广修寺庙外，还召集了许多德高望重、佛法高深的僧人编撰佛经。与此同时，他还鼓励僧人去别国宣扬佛法。埃及、叙利亚、缅甸等地的佛教文化，都源于印度僧人的宣扬。他还向子民宣扬佛法精神，如要求子民乐善好施，尊老爱幼，对亲朋好友不要斤斤计较，等等。可以说，阿育王统治时期是印度佛教发展的鼎盛时期。

在国家治理方面，阿育王也遵循佛教精神，不再用"杀戮"，而是采用和平的方式来统一印度。他禁止杀生，不过没有废除死刑；秉持佛教海纳百川的胸怀和精神，允许其他宗教共存；将佛法纳入国家的法律体系；为百姓建造了许多公共设施……

阿育王统治孔雀王朝40年，令印度成了一个统一的帝国。他的治国理念和所作所为也获得了子民的认同，因此人们都称他为"伟大的阿育王"。

纪念爱情的奢侈品——泰姬陵

泰姬陵是印度的名胜古迹，也是世界级的文化遗产，为"世界新七大奇迹"之一。很多人都知道它是一座巨大的清真寺，但它最初其实是为爱而建的。

泰姬陵，全名"泰姬·玛哈拉"，是以一个女子的名字来命名的。传说，印度有一位美若天仙的女子，名叫玛哈，她嫁给印度莫卧儿帝国的皇帝沙·贾汗为妃，皇帝赐予了她"泰姬"这个封号。

沙·贾汗和玛哈一直十分恩爱，先后养育了14个孩子。一年，正当泰姬再次怀孕时，边境发生了战事，局势对莫卧儿帝国很不利。沙·贾汗不得不身披铠甲，御驾亲征。泰姬因担心丈夫，便要求跟随沙·贾汗一同出征。不幸的是，在此期间泰姬遭遇难产，在战火烽烟中死去了。

泰姬的死对沙·贾汗打击极大。他在击退敌人后，便一蹶不振，每天过得浑浑噩噩。后来，为了纪念妻子，他决定建造一座巨大的陵墓，这就是以泰姬为名的泰姬陵。沙·贾汗请来了最好的工匠，花费了无数的财富，耗时22年，每天动用2万名工人，终于建好了泰姬陵。因此，泰姬陵也有着"纪念爱情的奢侈品"之称。

泰姬陵占地约17公顷（合170000平方米），用纯白的大理石砌成。大理石上不仅镶嵌着各种宝石，还雕刻着许多精美绝伦的雕塑。远远看去，泰姬陵仿佛散发着圣洁的光芒。泰姬陵的主体建筑呈八角形，中间有一个巨大的半球形圆顶，大圆顶四周屹立着 4 个较小的圆顶塔，往下则是一扇扇拱门。建筑的主体以红砂石为材料建成。

泰姬陵正前方有一条长长的水道，水道两旁栽种着象征生命的果树和象征死亡的柏树，还有两块面积极大的绿色草坪。

可以说，泰姬陵是印度建筑史上的奇迹。它彰显了当时工匠技艺和国家建造水平的高超，是世界建筑艺术的完美典范。

▲ 泰姬陵

日本茶道

茶道，起源于中国，宋朝时期传入日本和朝鲜。日本奈良高僧村田珠光在中国茶道的基础上创造了属于日本本土的茶道，并使其流行于僧侣之间。后来，经过千利休的改进，茶道变得更有仪式感，也更有内涵。越来越多的人开始研究茶道，并且赋予喝茶这件事情更多的意义。喝茶不仅可以修身养性，更能通过流程繁复的茶道陶冶情操。

既然茶道成了一件十分讲究的事情，那么场所、用具、一言一行都要有一定的规范。茶室是茶道爱好者举办聚会的基本场所，来自不同圈子、不同领域的人因茶道聚集在一起，以茶会友，很有意境。茶室布置也要有艺术感，不能太过华丽，也不能太过简单。简朴、优雅是一间好茶室的基本要求。茶室的大门一般不会太高，主人用跪姿在门口迎接客人，客人也要弯腰低头才能进入茶室，主客双方都足够谦恭。

最适合用来布置茶室的装饰就是充满文化气息的书画，插花也是必不可少的。当然，不管是多么优雅、美观的装饰，也不可能成为茶室的主角，主角只能是茶具。用来烧水的茶炉一般放在茶室中间，茶炉之前的茶几就是客人围坐的地方。茶几上放着各种各样的茶碗、茶壶。这些茶碗、茶壶对工艺要求十分严格，还须富有文化气息。好的茶碗、茶壶，不仅外表精致，还越用越有味道。

茶室、茶具都能为茶道添彩，而茶道最重要的是本身的文化内涵和技巧。"四规七则"是必须遵守的。"四规"包含和、敬、清、寂。和，指的是聚会的气氛要和睦；敬，要求参与聚会的人要相互尊敬；清，表示聚会的环境要清静，不可喧闹；寂，表示无欲望、无所求，谈话内容不可涉及俗务。"四规"是对聚会者的要求，"七则"主要是对硬件方面的规定。茶要不浓不淡正合适；炭只能在最合适的时间添加；水温要切合时宜；装饰用的插花要新鲜；赴会的时间要早但不能太早；不管天气如何，赴会者都要准备雨具；保证每位来访者都能受到无微不至的招待。

假名文字的由来

中国与日本之间的往来，有着悠久的历史。众多文物和历史记载都可以证实，早在东汉时期，两国就已经有了接触和文化交流。由于文化发展的进程不同，东汉时期的日本只有语言，还没有形成文字，后来汉字传入日本。学习汉字，有利于向中国学习文化知识，所以日本开始使用汉字。

虽然日本也使用汉字，但中文汉字和日文汉字从根本上来说是不同的，两者的音节、发音各不相同，利用音节组成的词汇就更不一样了。汉字进入日本以后，日本人利用自己语言的发音方式对汉字进行了改造。那些不能轻易被改造的汉字，在模仿中文汉字发音的基础上，这些汉字变成了与日语发音相近的读音。

中国国土辽阔，不同地区的汉语发音各不相同。日本的改造汉字和模仿发音，在不同的阶段也有不同的选择。如今，我们知道的日语发音，主要是从吴音、汉音和唐音发展来的。

吴音主要指的是中国江浙一带的方言发音，是在晋朝传入日本的。汉音是华北、西安地区的发音，是在隋唐时期传入日本的。唐音则是在宋朝之后传入日本的。隋唐时期，中日文化交流最频繁，日本派出大量的遣唐使来到中国，将中国的文化知识带回日本。因此，汉音对日语影响最大，其次是唐音。汉字不是音节，而是成形的文字，解释起来更加困难。用日语解释汉字，需要用几个日语音节来解释汉语中的一个音节，这就是学习日语时常见的训读。所以，一个汉字在日语中往往有好几个读音。

有了读法，自然要有写法，假名就是在拆解汉字写法时出现的。楷书的偏旁拆解以后，就成了日语音节，即片假名；草书的偏旁拆解成日语音节以后，就是平假名。13—14世纪，假名在日本已经成为成熟的文字，但能使用汉字的人才最受钦佩。

日本俳句

在中华文化5000年的发展过程中，出现了无数优美的诗、词、曲。日本也有属于自己的诗歌，那就是俳句。古代日本人将结构不工整、创作非常简单、读上去有些滑稽的诗歌体裁称作"诙谐体"。随着时间的推移，日本诗歌不断发展，除《诗经》被称为"正雅"之外，其他诗体都被归类为俳句。

俳句成熟之前，日本贵族喜欢将"连歌"当作文学聚会的交流方式。连歌就是众多诗人聚在一起，一个人唱出第一句，即"发句"，随后每人接一句，这些句子就是"连句"。发句和连句组合在一起，就是连歌。如果在场的人文学水平很高，连句可能会有上千句。后来，人们只用连歌中的发句吟出一些诙谐讽刺的短诗歌，这种短诗歌被人们称为"俳谐诗"。

日本的"俳圣"松尾芭蕉认为，俳谐诗完全可以从连歌中独立出来，成为全新的诗歌体裁。独立以后的俳谐诗，就逐渐发展成了俳句。俳句体裁可以简单地被归纳为"三句十七音"：第1句由5个音节组成，第2句由7个音节组成，第3句还由5个音节组成。这种"5-7-5"格式，就是俳句的基本格式。

日本的浮世绘

浮世绘是日本宝贵的文化遗产之一，绘画风格豪放艳丽，经常被用来描绘俳人、武士、女子、风景和各种民俗，在江户时期最为盛行。因此，不少人将浮世绘当作江户时期的标志。

实际上，浮世绘早在安土桃山时代就已经出现。当时，浮世绘的主要题材是风俗和美人。江户时期是浮世绘大发展的时期，题材不仅包含上述两项，还更多地展现了风景名胜、花鸟鱼虫、人们的日常生活和娱乐活动等。绘画形式也不拘泥于毛笔画，木版画成了更常见的形式。

将浮世绘从毛笔画改成木版画的人是菱川师宣。随着浮世绘的流行，画面上的色彩越来越多。刚开始时，只有黑色的浮世绘，后来各种颜色的浮世绘都出现了。在浮世绘最流行的时期，喜多川歌麿在众多竞争者中脱颖而出，成为绘制浮世绘的佼佼者。他笔下的美人婀娜多姿，面部秀丽，堪称一绝。浮世绘的另一大家是江户末期的歌川广重（原名安藤广重）。他绘制的《东海道五十三次》将江户时期的社会风貌、人们的生活状态，栩栩如生地展示了出来。

浮世绘的发展与时代背景分不开。江户时代结束了，浮世绘的辉煌也就结束了。但是，作为日本文化的重要部分，我们仍能在许多日本文艺作品中看到浮世绘的影子。

舞乐、歌舞伎和能乐

　　世界上任何民族都不缺少歌舞，这是人们在庆祝、在向神明祈祷时不可或缺的部分。日本传统的舞蹈主要包括舞乐、歌舞伎和能乐3种，但不管哪一种，都不是热情奔放类型的。日本舞蹈最大的魅力是神秘感。观看日本传统舞蹈时，人们往往会产生一种宁静感，这可能是由日本民族的性格所决定的。一般来说，日本人是比较含蓄、内敛的。

　　舞乐是文化融合的产物，集合了印度、中国、朝鲜3个国家舞蹈中的精髓，与中国唐朝时期的"大曲"很相似。舞乐的舞者只有男性，演出时根据登台方向的不同而有左舞和右舞之分。左舞是朝鲜舞蹈与中国舞蹈的结合，演员要着蓝色或绿色的服装；右舞是中国舞蹈和印度舞蹈的结合，演员要着橙色或红色的服装。表演舞乐的舞者人数并不固定，不同的人数有不同的跳法，常见的有4人、6人、8人这3种。舞乐在中国、朝鲜和印度早已销声匿迹，但在日本却延续了下来。

　　歌舞伎是更加纯粹的日本传统舞蹈，由宗教舞蹈、宫廷舞蹈和戏剧表演中的精华部分融合而来。早期的歌舞伎就是纯粹的歌舞，演员都是女性。后来，日本社会阶级化越来越严重，女性的社会地位越来越低，她们已经不能登台演出了。在这段时间，歌舞伎中出现了"女形"，也就是由男性扮演女性来表演歌舞。直到17世纪，女性才重回歌舞伎的舞台，男女共同表演，歌舞伎由此从纯粹的歌舞变成了有情节的戏剧。这象征着歌舞伎这项艺术基本成熟。当今歌舞伎的表演形式与17世纪的并无太大区别。

随着19世纪戏剧改良运动在日本的开展，歌舞伎开始发生变化。虽然形式上的改变不多，但在内容上却形成了明显的派别和种类。"藤间流""花柳流""苦柳流""坂东流"等流派都是那时出现的。常见的歌舞伎曲目至今仍有100多种，共划分为四大派别，分别是：展现普通百姓生活的"世话物"狂言、模拟傀儡戏的"义太夫"狂言、演绎历史故事的"时代物"狂言和将舞蹈本身当作主体的"所作事"狂言。

能乐是日本最有代表性的传统表演方式，原本专属于武士阶级。表演时，演员戴上精致的面具，用三段式的音乐来烘托气氛、表达情绪，随后，演员再用舞蹈来演绎故事。整个过程将歌、舞、剧完美结合，给观众带来美好的享受。

朝鲜半岛的文字变迁

作为汉文化圈的一分子，朝鲜半岛受中华文化的影响非常深。无论是"四书五经"还是汉字，都是朝鲜半岛居民推崇、热衷的对象。朝鲜半岛上的国家过去就连选拔官员，也以知道多少中国文化作为标准。虽然在古时候，朝鲜半岛还受到日本文化的一些影响，但使用的文字还是以汉字居多。特别是需要严谨表达的词汇，如人名和地名，都会使用汉字。

唐朝时期，派出遣唐使的不仅有日本，还有朝鲜半岛上的国家。这些国家在有自己的文字之前，同样是用汉字来进行书写的。从中国回到朝鲜半岛的遣唐使，将汉字拆解开来作为音节，再根据朝鲜语言习惯整合成全新的朝鲜词汇。除此之外，朝鲜半岛上的人还创造出"吏读"这种全新的组词方式，有实际意义的词语按照汉字的语音进行拼写，无实际意义的虚词则直接用汉字来表示。

随着时代的发展，朝鲜半岛上的人决定创造属于自己民族的文字。14世纪，朝鲜王朝的第二任国王李祹发明了一种名叫"谚文"的字母文字，它与汉字的笔画非常相似，根据不同的规则组成文字。20世纪40年代，谚文才终于完全发展成熟，全面取代汉字。朝鲜半岛分裂后，朝鲜彻底废除汉字，但韩国还在使用。随着谚文的不断发展，它的使用比例越来越高，汉字则越来越少。

第三辑

信仰之旅

艺术宝库——阿旃陀石窟

公元前2世纪，在遥远的印度马哈拉施特拉邦的一个半山腰上，一座石窟正在修建。这里的山势呈半圆形，山谷之中有一汪清泉。这处石窟前后修建了数百年，直到公元650年，才终于建造完成。

石窟环绕半山，直接凿石而建，大大小小、高高低低的洞窟有深有浅，共有29处。其中25处用作僧房，剩下4处则是佛殿。佛殿内有保存完好的壁画和石像。相传，唐朝著名高僧玄奘曾到过此地，但在那之后，这里便被世人所遗忘。

石窟中藏有大量以佛教为主题的雕刻与壁画。一部分壁画描述了释迦牟尼出生、出家以及修行得道的故事，还有一部分描述的是古印度时期帝王的宫廷生活，以及普通人民日常生活。这些壁画构图富有新意，笔触活泼，画面逼真，十分引人注目。栩栩如生的飞禽走兽、宫廷生活等，都是现实的真实反映。艺术家运用丰富的想象力和细腻的笔触，将几百年来的世间百态描绘得有声有色，极具艺术特色。

于7世纪建造的第1窟，代表了大乘佛教建筑中最优秀的水平。一进入石窟，就能看到正前方有一座高达3米的释迦牟尼雕像。这座雕像的妙处在于，从不同的角度观看，释迦牟尼会呈现出不同的神态。从中间看，他是快乐的；从左侧看，他是痛苦的；从右侧看，他则像是正在冥想。窟中建有拱门，两边是6根大柱子，上面刻画着形态优美的飞天仙女。中间大厅的壁画上，是500多个表情与姿态均不相同的罗汉。每个罗汉的面部表情都十分生动，衣服上的褶皱也都清晰可见。从这些壁画可以看出，古印度绘画艺术的成就之高。更有意思的是，这些壁画中还绘有伊朗皇帝霍斯劳二世和印度遮娄其王朝君主补罗稽舍二世二人同框的画面，可见当时印度和伊朗的关系非常亲近。

第16窟和第17窟中的壁画，是四五世纪印度艺术的巅峰之作。第16窟中的壁画保存不算完整，但内容清晰可见，其中的故事情节具有真实性。比如，其中一幅画描绘的是耶输陀罗在发现丈夫悉达多太子弃家求道之后，表情哀伤地垂着头，静坐在那里，她周围的人也都满脸愁苦，显得非常不安。第17窟的壁画数量最多，既有严肃的千佛像和轮回图，也有不少活泼、有趣的生活画面。洞窟里有8尊佛像，佛像下是一幅幅小型壁画，描绘着一对对情人相处的画面，他们或是在饮酒，或是在献花，十分生动。壁画上还有身姿柔美的飞天仙女，她目光坚定有神，细长的眉毛，配上樱桃般的小口，美丽又纯洁。通过观察这些壁画中线条和色彩的运用，就能看出当时艺术家的绘画技艺已经非常高超。

石窟里的这些壁画既是宝贵的艺术作品，又是珍贵的历史资料，记载着当时亚洲各民族友好交往的情况。虽然阿旃陀石窟中的绘画与雕刻作品是为宗教服务的，但艺术家在创作时，却以当时人们的现实生活为主要内容，极其真实地反映了印度社会各阶层的生活面貌。从技巧来看，这些壁画的构图十分和谐紧凑，尤其是人体形象，线条十分舒展，肌肤光润而富有质感。艺术家们以洗练的笔法和鲜艳的色泽，呈现出了极高的艺术水准。

如今，全世界的艺术家都将这座石窟视为印度艺术的瑰宝、人类文化的奇迹。每年都有许多考察者和旅行者来到这里，感受艺术的魅力。

"投身饲虎"的故事

很久以前，一位国王带着他的3个儿子去森林中游玩。林中风景美不胜收，一家人非常开心。他们走着走着，突然在路边发现了1只大老虎以及7只刚出生的小老虎。大老虎饿得奄奄一息，小老虎则嗷嗷待哺。

看到这种情形，大王子说道："母老虎躺在这里没有办法找食物吃，最后肯定会把这些小老虎吃掉。"二王子也附和着说："这些老虎真可怜，也许一会儿就要饿死了，但我也没有办法啊……"

三王子只是沉默，没有说什么。看了一会儿后，国王要带3个儿子离开。结果，三王子不同意，他说自己一会儿再回去，让父亲和哥哥们先走。他们离开之后，三王子一直苦苦思索救老虎的办法，可他毫无办法。突然，他想到了：自己可以充当老虎的口粮，让它填饱肚子！于是，三王子把衣服脱掉，躺在母老虎面前，让老虎吃掉自己。但老虎饿得没有力气，根本吃不了。于是，三王子拿起一截干树枝，将自己的血管扎破，让血流到地上，以便老虎舔舐。不一会儿，老虎有了力气，站起身后一口一口地将三王子吃掉了。

国王等了很久都没等到自己的儿子，便派人来寻找。可是，人们只发现了三王子留下的衣服和一堆骨头。国王听闻消息后万分悲痛，将这些骨头放到宝塔中供奉。

佛说："三王子所行之事是大功德，这些功德能够让他脱离苦海，并达到涅槃的境界。"这是佛经中的经典故事，叫"投身饲虎"，用来形容人们在救助危难者时，不惜牺牲自我、奉献生命的伟大情操。

关于佛教

佛陀

佛陀简称"佛"，又叫"浮屠"，由梵文"Buddha"音译过来，意为智者、觉者。

在佛教诞生之前，佛陀就已经存在了。释迦牟尼重新定义和解释了它的含义，使得"佛陀"二字成了佛教特有的名词，也有了特定的内涵。佛教讲究修行等级和成果，修行的最高层次即佛陀。在小乘佛教中，佛陀只是专门用来称呼释迦牟尼的；大乘佛教则不同，凡是修行到最高果位的，都可使用佛陀这个称呼，如弥勒佛、燃灯佛以及阿弥陀佛等。

涅槃

在佛教中，名僧去世被称作"圆寂"。圆寂意味着得道高僧已经功德圆满，他的死则是一种涅槃。涅槃本义是指火的熄灭和风的吹散，在佛经中，则意味着圆寂和灭度，是佛教众僧心中最崇高的理想境界。在这种境界里，没有生死，没有烦恼，也没有欲望，超脱了一般人的情感状态，超时光、超经验、超苦乐，与生对立，排斥世间万事万物。涅槃是一种只能意会却不可言传的状态，是永恒极乐世界的象征，凡人不能感知，只有智者和胜者可以到达。高僧在功德圆满之后去世，这便是涅槃。

佛教三毒

"佛教三毒"又被称作"三不善根"，是指贪、嗔、痴。以佛教的观点来看，众生皆苦，世上一切皆是烦恼。人这一生，占据根本地位的3种烦恼之源就是"三毒"，世间诸多烦恼也正是由此而生。

舍利和塔

在佛教中，僧人死后所遗留的头发、骨骼、骨灰等，均称为"舍利"。相传，释迦牟尼圆寂后，他的弟子将其遗体火化。在他的骨灰中，弟子们发现了一些晶莹透亮的白色珠子，认为这些珠子是由释迦牟尼的肉身所化而成的，遂将其奉为圣物，称之为"舍利子"。后来，舍利子成了佛祖的象征，被人们顶礼膜拜。

佛祖死后，这些舍利子便被8个崇尚佛教的印度国王平分。为了供奉舍利子，他们还建立了专门的塔。因此，早期佛教中的塔，实际上是专门修建来供奉舍利的。传说，在印度现存的桑奇大塔中，就供奉着佛祖的真身舍利。

早期佛塔专门用来供奉舍利，皆修建成坟墓状，并没有供信徒活动的地方。后来，除了佛塔外，又发展出一种新的塔庙。这种塔庙与佛塔相比，多出一个大厅，信徒可在其中进行各种礼佛活动。佛塔也被称作"浮屠"，最初只被用来存放舍利，后来也被用来存放经文等法物。供奉舍利的塔叫"佛塔"，没有供奉舍利的塔则叫"支提"。

佛教传入中国后，庙宇逐渐成了汉传佛教的主要活动场所，佛塔变得日益稀少。

犍陀罗艺术

在古印度时期，佛教比较朴素，既不供奉神灵，也不大肆塑造神像，仅仅将释迦牟尼视作教主。随着社会的发展，佛教徒逐渐意识到，这种方式并不利于佛教的宣传。于是，他们开始自称"大乘"，并把早期佛教称为"小乘"，教徒的宗教观念就此发生转变。

大乘佛教把释迦牟尼当作全知全能的神，彻底神化他的形象。为此，他们还将神灵描绘成人形，塑造华美的雕像。世界上最早出现的佛像，就是在1—2世纪印度西北部的犍陀罗地区建造的。因此，早期的佛像艺术又被人们称作"犍陀罗艺术"。

犍陀罗艺术既有希腊风格，又有印度特色。传说，当初贵霜帝国的希腊人皈依佛教之后，认为佛陀很像希腊的救世主阿波罗，他们便以阿波罗的形象为模板，塑造了佛陀的雕像。所以，佛陀的容貌与阿波罗十分相似，表情安静祥和，并且身上所披的袈裟也是希腊长衫的样式。

佛陀雕像体魄健美，融合了"苦行"的宗教观念；面部丑陋而没有精神，眼窝深陷，一副苦相。这正是以外表的丑陋反衬他心灵的美丽。

能够看出，犍陀罗艺术是借助希腊手法来诠释印度宗教思想的，宗教色彩十分浓厚。

柬埔寨的吴哥遗迹

"东方四大奇迹"指的是中国长城、印尼婆罗浮屠、印度泰姬陵以及柬埔寨的吴哥遗迹。吴哥文明在热带丛林中沉睡了将近400年，无人知晓。直到1861年，一位法国博物学家才揭开了它的神秘面纱。

金边是柬埔寨的首都，那里遍布辉煌瑰丽的泰国式佛寺。吴哥距离金边只有数百千米，但它传承的却是古印度的文明。吴哥文明突然终止，并迅速被另一文明取而代之，其中实在有太多难解的谜。

柬埔寨暹粒附近就是吴哥遗迹所在区域。这里有一片不大的丛林，方圆大概45平方千米。让人感到惊奇的是，竟有600余座石砌建筑散落于此，包括佛教和印度教的庙宇、宫殿，如吴哥城（俗称"大吴哥"）、吴哥窟（俗称"小吴哥"）、塔布隆寺、巴肯寺、女王宫、空中宫殿、罗洛印度教湿婆神庙……

它还有一个神秘之处，令后人也倍感疑惑。这些吴哥建筑并没有打地基，全部用巨石直接垒砌而成，但其建筑水平极高，即使历经千年，仍然屹立不倒。当时参与建设的究竟有多少人？他们是如何将巨石堆砌得如此之高的呢？这些都是吴哥的谜团。

在东南亚诸国中，柬埔寨的发展历史最为悠久。802年，吴哥王朝建立，柬埔寨进入强盛时期，成为东南亚诸国中实力最强的国家。国王下令兴建吴哥建筑群，而这一建，就是400多年。

1000多年前的人类，没有大型机械，也没有先进技术，他们是如何修建这些建筑的呢？现在，这个谜仍然无人能解。吴哥窟又称"小吴哥"，据说当时参与建设的人达上千万，整个建造过程用时80余年，耗费了国家大半的国力与人力。暹罗（今泰国）崛起并发动战争时，吴哥王朝已经没有了抵抗力，在战争中屡败屡退。1431年，吴哥城被暹罗军队攻破。

此后，吴哥王朝被迫向东迁移，建都金边，柬埔寨慢慢变成了一个小国家。吴哥成为被遗弃的城市，热带林木疯狂生长，一块块巨石被根系发达的植物拱翻，一座座建筑无声崩塌。吴哥城就这样沉寂下来，被历史遗忘了400多年，连柬埔寨人都将那片闪耀光芒的建筑群尘封在记忆深处，让人感慨万千。

▲ 吴哥窟

印尼的金字塔——婆罗浮屠佛塔

相传释迦牟尼圆寂后，肉身被火化留下了舍利子。他的弟子分别留存了这些舍利子的一部分，建起一座座浮屠来供奉它们。这些浮屠在地面上有半圆形的丘坛，丘坛下设坚固的底座，上面则立着一座塔刹。佛教传播范围甚广，全世界有着无数的佛塔遗迹，其中最大一处就是婆罗浮屠佛塔遗迹。它位于印度尼西亚，于8世纪修建而成，是南半球最宏伟的古迹之一，与中国长城、印度泰姬陵和柬埔寨吴哥窟并称为"东方四大奇迹"。

这座婆罗浮屠佛塔，被誉为"印尼的金字塔"。大约在778年，几十万名工人和木匠开始着手建造这座长宽均为123米、高达42米的佛塔。后来，婆罗浮屠也成了世界上最大的佛教遗址。建成之后，这里的香火一直非常旺盛。直到15世纪，伊斯兰教逐渐取代佛教，成为当地大部分居民信奉的宗教，婆罗浮屠才日渐冷清。

婆罗浮屠佛塔由塔底、塔身和塔顶3部分组成，共有10层，由100万块巨大的火山岩石堆垒而成。塔底为周长120米的方形，塔墙大约有4米高，底下则是高1.5米、宽3米的基石；塔身由下至上有5层面积依次递减的平台。第一层平台大约距离塔基边缘7米，然后每层平台向上以2米的差距收缩；塔顶由3层圆形台构成，每层都建有一圈钟形多孔舍利塔，总共72座。3圈舍利塔形成同心圆，佛塔本身的半球形圆顶位于圆心处，大约距离地面35米。

只看外形，我们就能感受到这座佛塔的神奇所在。塔中的佛像，也是旅行家不能错过的风景。全塔共有505座佛像，存放在佛龛和塔顶的舍利塔中。其中，舍利塔中的佛像被塔身罩住，人们只能通过塔孔看到里面。传说，如果人的手能从孔里伸进去摸到佛像的手，那么这个人就会有好运气。

除了佛像引人入胜外，婆罗浮屠的佛雕艺术也让人惊叹。塔身的墙体和栏杆都装饰有精美的浮雕。据统计，塔底周长大约2500米，共刻有叙事浮雕1300幅、装饰性浮雕1212幅。此外，塔底的四面墙内也设有浮雕，总计160幅。第一层走廊正墙上的浮雕，描绘的是佛陀的一生，包括从其降生到涅槃的所有过程。第2—4层的浮雕，主要描绘了佛陀为寻求人生真谛而四处参访的故事。此外，浮雕还刻画了佛陀、菩萨与飞禽走兽、乐师、舞女、猎人、渔民杂处的场景，以及国王、武士和战争画面等。令人震惊的是，即使在布满小孔和微粒的火山石上，艺术家也能运用高超的技巧，将人体肌肤的柔润感表现得淋漓尽致，将人物刻画得栩栩如生。

婆罗浮屠因一场火山爆发而被湮灭。直到19世纪初，人们才在热带丛林中一点一点清理出这座宏伟的佛塔。1973年，在联合国教科文组织的资助下，人们开始了对婆罗浮屠的大规模修复工程，之后这座佛塔才变成了我们今天看到的样子。

第四辑

希腊的光荣

地下迷宫

　　爱琴海位于希腊半岛和小亚细亚半岛之间，原本只是地中海的一部分，因一个远古的传说，才被赋予了这样诗情画意的名字。

　　在古希腊，克里特岛的国王名叫米诺斯。他的儿子在雅典的阿提克被人杀害。为了复仇，米诺斯向雅典宣战。当时的雅典由于触怒了神明，被神明惩罚，饥荒和瘟疫正在城邦横行，根本没有办法应对这场战争，只能向米诺斯求和。米诺斯自然不会无条件地答应雅典求和的要求，于是，他就在克里特岛的地下修建了一座迷宫。

　　米诺斯修建的迷宫号称"史上最难走出的迷宫"，内部有无数的宫殿，还有一头人身牛头的野兽，名叫"米诺牛"。米诺斯要求雅典每隔9年要送来7对童男童女，献祭给米诺牛。

　　每到献祭时，雅典城里的所有父母都惶恐不安，生怕自家的孩子被选中。雅典国王爱琴的儿子忒修斯看到人民脸上的惶恐和父亲

◀ 米诺斯迷宫

心中的不安，觉得不能再这样下去了，必须杀死米诺牛。于是，他加入献祭的队伍，充当一名童男。运送童男童女的船出发之前，忒修斯和父亲爱琴做了一个约定：如果忒修斯成功杀死米诺牛，并且活着归来，归来的船上就会挂白帆；如果忒修斯回不来，船上就会挂黑帆。

忒修斯一行人抵达克里特岛以后，他凭借英俊潇洒的外表马上迷住了米诺斯的女儿阿里阿德涅。阿里阿德涅是克里特的公主，以聪明和美丽著称。她大胆地向忒修斯表达了心迹。当她知道忒修斯肩负除掉米诺牛的使命后，就给了忒修斯一个毛线球和一把剑。剑可以帮助忒修斯杀掉米诺牛，而毛线球则能让忒修斯顺利走出迷宫。

忒修斯在刚进入迷宫时就打开了毛线球，很快找到了迷宫中米诺牛所在的地方。经过一番搏斗，忒修斯用公主给他的剑杀死了米诺牛，带着其他童男童女顺利地走出了迷宫。为了摆脱克里特舰队的追击，登船之前，忒修斯还凿沉了岸边所有的克里特船，带着童男童女和阿里阿德涅公主一起离开了克里特岛。

几天以后，雅典高大的城墙已经出现在忒修斯的眼前。激动的忒修斯和船上的伙伴唱起快乐的歌谣，但他却忘记了和父亲的约定，没有将黑帆换成白帆。每天都守在岸边等着儿子归来的国王爱琴，看见远远驶来的船只挂着黑帆，以为儿子已经遭遇不幸，怀着悲痛的心情跳进大海。这样，这片海就被人们称为"爱琴海"。

传说中的故事已经是发生在几千年前的事情了。令人震惊的是，1900年，英国考古学家亚瑟·伊文思和他的考古队真的在克里特岛的下方找到了迷宫的遗迹，证明了3000多年前克里特岛上曾有过辉煌灿烂的文明。人们将其命名为"克里特文化"。

雅典卫城

雅典市中心西南部一座高约150米的山上有一座古城，它是古希腊最辉煌的政治文化中心，也是祭祀智慧与战争女神雅典娜的地方。它就是雅典卫城。

雅典是希腊的一个邦国，它的发展速度和发达程度都远超希腊其他城邦。随着时间的推移，雅典的重要程度越来越高，它成了希腊的政治中心、宗教中心和文化中心。公元前480年，雅典的统治者，伟大的军事家、政治家伯利克里认为，雅典卫城的神庙已经不足以彰显威严了，于是决定重新修建神庙。

在古希腊，宗教是人们重要的精神支柱，因此，伯利克里格外重视重修神庙这件事情。当时雅典的政治机构已经被迁移到城市的底部。所以，最适合的建筑方式就是，沿着城市外围的高处修建神庙，这样既可以保证神庙居高临下，充满威严，又能让卫城的人抬头看见的不是普通的山石，而是美丽的建筑风光。所以，帕特农神庙、埃雷赫修神庙、雅典娜胜利神庙和卫城的大门沿着城市周边分布，但高低不同，显得威严、美丽、神秘，又兼具层次感。

19世纪，考古学家将这座美丽的城市再次展现在人们眼前。城市内部存在大量的生活建筑，说明早在5000多年前，这里就生活着许多居民。又过了1000多年，这座城市得到重建，成为当时雅典国王的王宫。雅典卫城四周是陡峭的山壁，山壁上筑了高高的围墙，能有效地将敌人阻隔在城外。王宫的正门外是贵族活动的地方，有角斗场、剧场等娱乐场所，还有用来进行交易的市集。如今，这里已经成了人们认识古希腊文化的主要渠道。雅典旧日的荣光，仍能在精美的雕塑和宏伟的建筑遗址中找到。

希腊国宝——帕特农神庙

神庙是古希腊最重要的建筑，也是地方的宗教中心，有着非常重大的意义。而有一座神庙被称为"神庙中的神庙"，可见其地位多么重要。这座神庙就是位于雅典卫城的帕特农神庙，里面供奉着女神雅典娜。

帕特农神庙正式启用于公元前438年，是借着帕那太耐节献给女神雅典娜的礼物。那是古希腊最盛大的节日之一。在那天，人们载歌载舞，开展体育竞技，还有游行队伍穿越整个城市。人们在游行时会将一件羊毛长袍当作礼物献给雅典娜。这件长袍由雅典的少女编织而成，挂在一艘船的桅杆上，船则被放在牛车上运送到神庙。将羊毛长袍献给女神以后，就要用牛羊作为牺牲开始祭祀。

祭祀对于牛羊的要求很高，强壮、健康是最基本的要求。除此之外，还必须美观，不能有一点伤口，更不能有先天问题。雅典盛大的祭祀场面在很多文物上都能看到，如陶器、壁画等，但宰杀牲畜的场景却鲜少出现。牲畜被宰杀以后，骨头和肥肉会被放到祭坛燃烧，燃烧产生的烟上升到神像之上，就说明神明已经得到了贡品。传说，这种祭祀方式来自普罗米修斯。作为人类的守护者，普罗米修斯诱骗宙斯拿走油脂和骨头，而将最好的肉给了人类。

既然帕特农神庙被称为"神庙中的神庙"，其中供奉着的神像自然精美绝伦。主神雅典娜位于神庙主体的东面大厅，身高11.89米，身体由镶嵌着金片的木制框架构成，脸、手、脚等裸露在外的部位由象牙雕刻而成，瞳仁是两颗美丽的宝石。作为战争与智慧的女神，武器装备自然必不可少。雅典娜头戴金盔，身披战袍，手持希腊人常用的武器——长枪和盾牌，看起来威风凛凛。相较于威严的打扮，女神的表情却是安宁祥和的，让人情不自禁想要膜拜。

整个雅典卫城以雅典娜的神像为中心进行布局。为了避免神像落入敌手，建造者还精巧地设计了转移、隐藏的装置。可惜的是，转移装置并没有起到防止神像被盗的作用，反而成为神像失踪的重要因素。5世纪，东罗马帝国的皇帝带走神像，从此它便不知所终。如今，人们想要瞻仰这座神像，只能到雅典国家考古学博物馆看复制品。但复制品即便再精致，也难以还原那段历史，难以让人感受到沧桑感。

雅典娜神像之所以被转移出帕特农神庙，是因为当时的统治者

▲ 帕特农神庙

要将帕特农神庙改成一座基督教堂。1458年，土耳其人占领雅典，基督教堂又变成了清真寺。最后，在土耳其人和威尼斯人的战争中，这座神庙被炮弹击中，遭到毁灭性的破坏。1801—1803年，打着考古旗号的英国强盗埃尔金勋爵将神庙中剩余的为数不多的、有价值的雕像也搬走了。之后，这座神庙便只留下残垣断壁，神庙中的珍宝早已散落到了世界各地。即便后来希腊政府尝试重修这座神庙，重修后的神庙也与其原本的样貌相去甚远。现在，人们能看到的只是一具缺少内涵的空壳。

古希腊的奥林匹亚赛会

　　如今，奥林匹克运动会已经成为世界范围内的规模宏大的体育赛事。奥林匹克运动会就源自古希腊的奥林匹亚赛会。在赛会到来的那大，为了表达对众神之王宙斯的尊敬，人们会在伯罗奔尼撒半岛的奥林匹亚地区举办规模宏大的祭祀活动，用牛羊当祭品，整夜唱歌跳舞，饮酒作乐，直到天明。除此之外，还有很多短跑类的体育运动项目。

　　现在，奥运会每4年举办1次，这同样源于古希腊时期的传统。在古希腊，奥运会的优先级非常高，很少会因什么事情停止举办。即便城邦之间发生战争，当到了要举办奥运会时，也必须停止交战，在为期5天的奥运会结束后再继续。后来，休战时间逐渐被延长到1个月、3个月。令人惊讶的是，即便希腊正在与其他国家交战，当到了要举办奥运会时，仍然会把举办奥运会放在第一位。

　　奥运会在古希腊不仅是一场体育竞技大赛，更是古希腊人狂欢的节日。每个人都以能观看奥运会比赛为荣。相传，在波斯与希腊交战期间，薛西斯大帝率领重兵抵达希腊一个非常重要的关隘时，他发现并没有多少希腊士兵看守。百思不得其解的薛西斯后来才了解到，当时希腊正在举行奥运会，不管是多么紧急的状况，也无法改变他们的传统。

　　古希腊的奥运会和今天的奥运会有很大的差别，甚至可以说如果不是名字相同，很难将两者联系起来。古希腊奥运会最开始只有200米短跑这一个项目，后来才逐渐增加了摔跤、铁饼、标枪、赛马、赛车等项目，只要不是叛国的罪犯和渎神者，都可以参加比赛。

古希腊人最喜欢的项目就是赛车。他们的赛车并不是我们现在所理解的那种，而是战车。参赛者必须自己准备战车和马匹，因此基本上只有贵族才有经济能力参赛。比赛进行时，场内场外的气氛非常热烈，方圆几十里都能感受到万马奔腾的气势。

在各项赛事中，获胜的人会赢得"桂冠"，即用月桂树叶编成的帽子。比赛期间，奥运会的胜利者是比国王更受尊敬的人，地位甚至等同于神明，可以享受部分神明才能享有的待遇。比赛结束后，还会举行盛大的宴席，宴席的主角就是比赛的胜利者。诗人为他们献上最好的诗歌，雕刻家会将他们的样子制成具有纪念意义的雕像，整个希腊甚至周边其他地区的人都会传颂他们的名字。胜利者的家乡会在其归来时举行盛大的欢迎仪式，有些城邦甚至还会将城墙打开，让他们享有征服者般的荣耀。

自古以来，奥运会就有着非凡的意义。比赛十分公正，胜利者被授予永远的光环，那些卑鄙的作弊者则会被赶出竞技场，遭受所有人的唾弃。整个希腊王国的居民都会参加奥运会，拉近了希腊各城邦居民的关系。不同的城邦也会趁此机会，进行文化交流和贸易往来。

奥运会在文化方面也做出了巨大贡献。比赛是运动健儿比拼体力的时候，比赛结束以后，就是艺术家比拼艺术水平的时候了。甚至可以说，奥运会为古希腊催生出了相当多的艺术家，特别是雕刻家。有人说，"没有奥林匹克，就没有希腊雕刻"，这不无道理。古希腊著名的青铜雕塑《掷铁饼者》，描绘的就是青年运动员掷出铁饼前一刻的画面。

古希腊共举行了293次奥运会。公元394年，罗马大军征服希腊，皇帝狄奥多西下令禁止举行奥运会，奥运会就此中断。又过了1500年，在法国人顾拜旦的组织下，奥运会在雅典再次举行，之后每4年举办1次，每次都要选择不同的国家作为主办国，运动员则来自世界各地。这让这场原本只属于古希腊人的活动，变成了人类和平与友谊的盛会。

为美女而战——特洛伊战争

提起特洛伊战争，人们脑海中马上会被各种信息填满：伟大的《荷马史诗》、"金苹果"的传说、长达10年的战争、"希腊第一美女"海伦、半人半神的英雄阿喀琉斯、木马屠城记……几乎每个人都能讲述这个故事中的一部分，但想要完全了解这个故事，就必须从事情的起因讲起。

人间英雄佩琉斯与海中女神忒提丝相爱了，并打算结为夫妇。众神之王宙斯主婚，其他神祇也纷纷到场祝贺。而佩琉斯唯独忘记邀请掌管纷争的女神厄里斯。被忽视的纷争女神怒火中烧，不请自来，在宴席上留下一个金苹果，上面写着"献给最美丽的女神"。

每个女神都自认最美丽，但没有人敢与权柄最重的3位女神竞争，她们分别是天后赫拉、战争与智慧女神雅典娜以及爱与美女神

◀ 特洛伊木马

阿佛洛狄忒。没有人敢下结论说她们3个中谁才是最美的。于是，宙斯想出一个办法，由一个名叫帕里斯的牧羊人来决定谁才是最美丽的女神。3位女神为了获得帕里斯的肯定开出各自的价码，天后赫拉愿意给帕里斯执掌一国的权力，雅典娜愿意给帕里斯超越凡人的智慧，而阿佛洛狄忒则愿意给帕里斯全希腊最美丽的妻子。经过一番思索，帕里斯决定放弃权力和智慧，将金苹果献给阿佛洛狄忒。

帕里斯并不是真正的牧羊人，而是特洛伊的王子。全希腊最美丽的人已经名花有主，她就是斯巴达的王后海伦。阿佛洛狄忒帮助帕里斯从斯巴达拐走了海伦，这引起了整个希腊的公愤。希腊人攻打了特洛伊9年，在第10年用木马计攻破了特洛伊，海伦也被带回希腊。

去掉神话的部分，这其实是一段真实的历史。美貌无双的海伦早在成婚之前就已有无数的求婚者，其中不少是希腊各城邦的王子。人人都想娶海伦，但海伦只有一个。于是，王子们达成协议，在海伦成年以后让她自己选择丈夫，并且维护海伦丈夫的权利。后来，海伦选择了斯巴达王子墨涅依斯，墨涅依斯在不久以后就成了国王。

一天，墨涅依斯接见了来自特洛伊的王子帕里斯。年轻貌美的海伦和英俊帅气的帕里斯一见钟情，两人私奔回了特洛伊。王后跟邻国的王子私奔，这显然伤害了斯巴达所有国民的感情。更何况希腊各城邦的王子已经许下誓言，要维护海伦丈夫的权利。于是，希腊世界的霸主阿伽门农带领希腊各城邦的军队发兵特洛伊。战争持续了10年，最后有一位名叫奥德修斯的将领献计，在木马中暗藏士兵，从内部攻破特洛伊，这才结束了这场战争。

如今，"木马计"已经成了从内部攻破敌人这种战术的专有名词。这就是这场由美女引发的战争留给我们的文化遗产。

源于古希腊的马拉松

人们都听说过马拉松这一体育项目，用长时间的奔跑来表现人类强大的毅力和体力。马拉松这项运动和奥运会一样，都起源于古希腊。

公元前492年，波斯大军攻打希腊，双方在海上展开激烈的交战。当战争进入第3年时，在海上占据一定优势的波斯舰队已经穿过爱琴海，打算在雅典城外的马拉松平原登陆。

雅典作为古希腊最大的两个城邦之一，马上做出应对策略：一方面，城邦内部全民皆兵；另一方面，派出一个擅长奔跑的人前往200里（合100千米）外的另一大城邦斯巴达求助。这个被选中的人就是雅典长跑能手斐力庇第斯。他仅仅用了一天时间就跑到了斯巴达，但是斯巴达拒绝出兵帮助雅典，因为他们有规定，在月圆之前不能出兵。

斐力庇第斯又跑回雅典汇报斯巴达人的决定。雅典只能独自面对强大的波斯，双方兵力差距高达10倍。在冷兵器时代，人少的一方几乎不可能获得胜利。于是，雅典方统帅米太亚德想出了一个全新的战术。他将雅典军队的队形拉长，将精锐士兵布在两侧，当双方军队开始交锋时，两侧的精锐士兵就能对波斯军队进行包抄。

战役开始前，米太亚德发表了一次演讲："雅典是会保持永远的自由，还是戴上奴隶的枷锁，就看你们自己了！"这次演讲让雅典军队的士气达到巅峰。双方交战以后，雅典军队中间比较薄弱的部分不断后退，引诱波斯军队前进，两侧逐渐向中间合拢，形成口袋状的包围圈。波斯军队被装进"口袋"以后，没过多久便被打败了。他们逃回了军舰上。

雅典人以少胜多，取得了战争最后的胜利。米太亚德决定派斐力庇第斯将雅典胜利了这个振奋人心的消息告诉城里忐忑不安的人，但此时斐力庇第斯已经在这场战役中受了不轻的伤。当他跑回雅典城，站在广场上，激动地喊出"欢乐吧，雅典人，我们胜利了"以后，就一头栽倒在地上，永远地沉睡过去了。

马拉松战役是希腊人与波斯人第一次短兵相接，在一定程度上决定了希腊人能否拥有战胜波斯人的信心。正是这场战役让希腊人明白，波斯军队看似强大，却并非不可战胜。从那以后，波希战争又持续了半个世纪。在这场战役中做出贡献最大的除了统帅米太亚德，就是这位两次传递消息的英雄斐力庇第斯。为了表彰他的功绩，奥运会上有了一个名叫马拉松的赛跑项目，而它的赛跑距离就是从马拉松平原到雅典城的距离。

马拉松至今仍是人们最喜欢、最常参与的大型运动赛事之一。人们踏出的每一步，都是对英雄斐力庇第斯的赞歌。

斯巴达及斯巴达人

斯巴达作为古希腊最大的两个城邦之一，给人们留下了无数的故事。斯巴达式的教育成为严厉教育的代名词，斯巴达三百勇士的故事脍炙人口。那么，斯巴达究竟是个怎样的地方呢？

斯巴达人最早出现于公元前11世纪，他们原本是多利亚人，后来来到拉哥尼亚定居，在拉哥尼亚平原上发展出斯巴达城邦。

斯巴达人崇尚武力，非常好战，他们强迫拉哥尼亚的原住民成为自己的奴隶，称他们为"希洛人"。每当斯巴达与其他城邦开战，由希洛奴隶组成的军队就是冲在前排的敢死队，用来消耗敌人的有生力量。斯巴达人残酷的压迫让希洛人忍无可忍，他们为了自由开始了接连不断的武装起义。斯巴达人对内要镇压希洛人起义，对外还要和其他城邦交战。于是，整个国家都在全力地为战争服务，变成了一个军事化国家。

斯巴达没有工商业，流通的钱币是用铁铸造的，整个社会如同庞大的军营。婴儿从出生就开始面临各种考验，新生儿能否存活下来由长老决定。如果长老认为这个孩子将来不能成为健康的战士，他就会被抛弃掉，没有生存下来的机会。母亲也会用烈酒给新生儿洗澡，如果新生儿不能承受，出现抽风或失去知觉的情况，他也不会得到救治，只能死去。

随着婴儿逐渐长大，他们面临的考验越来越多，一切都按照军人的标准来要求。怕黑、挑食、哭泣、无纪律的吵闹、不能忍受孤独，这些都是不允许的。超过7岁的男孩要接受军事训练，包括锻炼体魄的跑步、掷铁饼和训练战斗技巧的击剑、拳击等项目。等到祭祀神明时，年轻的孩子还要经历挨打。考验他们的是皮鞭，如果有人哭泣、求饶，就会受到更加严酷的惩罚。

孩子们长到12岁时，就可以被编入少年军了。他们不论冬夏都只能穿一身单衣，光头赤足，外观上要做到尽量统一。他们经常是吃不饱的，为了吃饱，必须想尽办法去偷食物，这也是斯巴达人所崇尚的。当然，如果偷盗失败，也要接受惩罚。不是因他偷东西而惩罚他，而是因他笨到连偷东西都能被发现。据说，有个少年偷了一只狐狸，将狐狸放在胸前，用外衣遮挡住。狐狸一直在里面撕咬他，为了不被发现，直到被咬死，少年都没有叫一声疼。

斯巴达的男性到20岁时就会自动成为军队中的一员；30岁时必须结婚，为城邦繁衍下一代人，一边教育下一代，一边接受训练；60岁时正式退伍，但在城邦兵力不足时，仍然要返回军队。

斯巴达的男性所接受的教育非常残酷，女孩在军营外接受的教育和训练也毫不轻松。斯巴达的女孩7岁以后同样要进行跑步、投掷铁饼、拳击等训练，这主要是为了保证她们能有强健的体魄。因为只有体魄强健的母亲，才能生下体魄同样强健的孩子。斯巴达的母亲非常刚强，她们的儿子在战场上阵亡了，她们只会为儿子感到骄傲，而不会悲痛。有这样一个例子，一位母亲交给将要上战场的儿子一面盾牌，说："要么拿着盾牌回来，要么躺在上面。"胜利和战死对斯巴达的母亲来说都是无上的荣耀，家里出了懦夫才是一件悲伤的事情。

斯巴达所有的居民都是士兵，他们的文化与科技并不发达，建筑和艺术也不是他们所追求的。青少年为了传递信息，听懂军令，会接受一些基本的教育。和平时期，在斯巴达行使政令的是由30人组成的长老会，两个国王只有在战争时才有说一不二的权力。战争时期，一位国王充当领袖外出征战，另一位国王负责保护城邦。政治方面的事务由长老会决定，一些决议要经由公民大会通过才能生效。

一个尚武的城邦，虽总能有让人热血沸腾的故事，但它的衰落与消亡也是可预期的。希洛人接连不断的起义让斯巴达耗费了大量的人力、物力、财力。直到斯巴达人不堪重负时，希洛人才摆脱了奴隶的身份，重获自由。但是，常年的战争已经让斯巴达越发衰弱，最终没落。

亚历山大及其帝国

古希腊是强大的，古希腊人创造的辉煌照亮了整个时代。他们曾想要征服亚洲，将亚洲的财富搬回希腊，但最终没有做到。古希腊人的梦想，最终由马其顿的国王亚历山大代为完成。他让马其顿成了当时世界上面积最大的国家。

亚历山大从小就展现出过人的智慧和勇气。他12岁就已经能独自驯服烈马，13岁时，古希腊哲学家亚里士多德成了他的老师。在老师的指导下，亚历山大对哲学、科学、医学、文学都有一定的认识和研究。亚历山大最喜欢的书是盲人荷马所作的《伊利亚特》，他十分崇拜故事中半人半神的英雄阿喀琉斯。

公元前336年，马其顿国王腓力二世在女儿的婚礼上被刺杀，众多被马其顿征服的城邦认为这是个机会，纷纷起义，试图恢复独立。这场起义声势浩大，但继任国王亚历山大只用2年时间就彻底平息了这场暴动。他接过父亲组建的军队，开始了自己的征服之路。

亚历山大的远征很快就开始了。他将自己的财产全部分给军队的士兵和将领，把希望留给自己。一支3.5万人的军队，乘着军舰向东进发。亚历山大的目标是波斯，他认为波斯人非常富裕，波斯国的物产非常丰富。在亚历山大的带领下，仅仅用了4年时间，马其顿军队就击败了波斯明君大流士三世，将整个波斯帝国纳入了马其顿的版图。

▲ 亚历山大大帝雕像

　　随后，马其顿的大军又朝着印度地区进发，先后将印度河谷地区、印度西北地区纳入版图。就在亚历山大想要进一步将整个印度变成马其顿王国的一部分时，他手下的将领提出了反对意见。常年的征战和印度恶劣的气候让士兵心生退意，有时他们会集合起来，用温和的方式来表达这种心情，有时则干脆直接哗变。再加上印度土著的不断骚扰，马其顿大军的士气越来越低。无奈之下，亚历山大只好宣布撤军，长达10年的远征正式结束。

　　10年的征战让亚历山大拥有了一个庞大无比的国家。从西边的希腊到东边的印度河流域，从南边的尼罗河流域到北边的锡尔河，都成了庞大帝国的一部分。在常年的征战中，亚历山大的思想发生了极大的改变。在马其顿辽阔的疆域中生活着不同民族的人，有希腊人、波斯人、马其顿人等。亚历山大认为，不同民族的人应该团结一致，友好相处。于是，他与大夏贵族结亲，以身作则，鼓励马其顿人和东方其他国家、民族通婚。他还制定了一项政策，即马其顿人迎娶东方女子，将获得免税的优待，还能收到亚历山大亲自赠送的礼物。亚历山大规模最大的一场婚礼是在苏萨举行的，他在那里迎娶了大流士三世的女儿，和他同时举行婚礼的还有超过1万名的马其顿将士。

虽然亚历山大结束了第一次远征，但他还想拥有更大的疆土。他将3万波斯人编入军队，打算征服阿拉伯地区，彻底将印度纳入版图。可惜的是，公元前323年，亚历山大突然患上疟疾，短短10天后就与世长辞了，他打下的疆土在之后也逐渐四分五裂。

亚历山大的远征，极大促进了东西方文化的交流。西方的数学、自然科学、建筑学等知识，通过远征的军队传播到他走过的每个地区。亚历山大征战印度时，还打开了一条从希腊到印度的商路，远征途中的许多城市因此成为商业中心。埃及的亚历山大港就是为了纪念他而如此命名的。

雅典改革家——梭伦

奴隶制是人类历史上落后、封建、腐败的制度之一。公元前594年，一位伟大的改革家梭伦将雅典城邦中的众多奴隶变成了自由人，解除了无数即将卖身为奴的人的债务。

梭伦由于卓绝的战功成了雅典的执政官。他成为执政官以后，进行的最大改革就是发布解负令。正是这一条法令，废除了雅典所有奴隶的债务，让他们恢复了自由。这条法令让他成为圣人，他的名字至今仍散发着夺目的光辉。那么，梭伦是怎样一步步成为执政官的呢？又是怎样的经历让他决定颁布这样的法令呢？

梭伦出身于雅典的贵族家庭，长大以后，他没有从政，而是成了游历四方的商人。在行商的路上，梭伦见过太多贵族的丑恶嘴脸和穷苦人民的悲惨经历。他为这些受苦受难的奴隶写过许多诗歌，通过诗歌抨击为富不仁的奴隶主和贵族。

世界上不存在只有雅典人可以奴役其他人的道理。在雅典的萨拉米斯岛被敌人入侵时，大量的雅典人成为奴隶，这让梭伦心痛不已。他经常在雅典的中心广场上朗诵自己的诗歌："啊，我们的萨拉米斯，它那样美丽，那样令我迷恋。你们听见了吗？萨拉米斯在召唤我们，它在等待我们的拯救。让我们进军萨拉米斯，将敌人赶出这美丽的小岛……"

萨拉米斯岛的遭遇的确是插在雅典人心头的一把刀子。梭伦的诗歌唤起了雅典人的斗志，他们很快就武装起来，准备夺回萨拉米斯岛。

公元前600年，收复萨拉米斯的战役即将打响，而雅典方的统帅就是梭伦。梭伦不仅在诗歌方面很有天赋，在军事上也有着极高的造诣。他率领雅典军队一次又一次地击垮了敌军，成功收复萨拉米斯岛。这让梭伦在雅典获得了极高的声誉。公民选举他为雅典的执政官，这开启了他的政治生涯。

梭伦早年的行商经历让他明白，那些脑满肠肥的贵族是国家的毒瘤，于是颁布了许多打击大贵族利益的政令。其中最令贵族感到不满的就是解负令。在其他诸多方面，梭伦也进行了改革。

在法律方面，梭伦修改了雅典当时的《德拉古法典》。在《德拉古法典》中，犯盗窃、懒惰等罪行的人都会被判处死刑。梭伦修改了《德拉古法典》中比较残酷的内容，而保留了其中合理的内容。在政治上，梭伦按照财产数量将公民划分成4个等级，财产越多，享有的政治权利越多。例如，执政官只能由第1和第2等公民担任，低级官员可由第3等公民担任，第4等公民没有就职官员的权利。将人按照财产划分等级在今天看来很不公平，但在古希腊，梭伦的改革打破了只有贵族能够担任官员的状况。梭伦还将贵族手中的权力逐步收回，并下放给人民。他将公民大会变成雅典的最高权力机构，所有公民都可以参加，可以参与决定一些政务规定。同时，梭伦设立了陪审法庭，每个雅典公民都可以参加陪审员的选拔。除此之外，他还实施了币制改革，鼓励公民经商，重视外来技术人才等。

梭伦的改革是雅典民主制度的基础。梭伦执政结束以后，雅典并没有人走政息。他的接任者庇西特拉图将这些改革制度继承下来，并发扬光大。梭伦则离开雅典，游历在埃及、小亚细亚、塞浦路斯等地，留下了无数的诗篇。直到晚年，梭伦才回到雅典。梭伦死后，人们将他的骨灰撒在萨拉米斯岛上，并在岛上建造了梭伦的雕像。雕像底座刻有一句铭文："摧毁过无端骄横的波斯侵略者的萨拉米斯岛生育了梭伦，这位伟大的立法者。"

伯里克利与雅典

伯里克利是古希腊著名的政治家，也是古希腊奴隶主民主政治的杰出代表者。他在领导雅典期间，除了致力于经营雅典奴隶主民主政治外，还不断扩张雅典的势力，令雅典出现前所未有的繁荣昌盛局面。在他的领导之下，雅典进入了"黄金时代"。

公元前495年，伯里克利诞生于雅典的一个名门家庭。他的父亲是一名司令官，母亲是雅典民主政治奠基人克利斯提尼的侄女。这样的出身令伯里克利从小就得以接受好的教育，民主思想在他的脑海中根深蒂固。他在政治理论和哲学思想上也有独到的见解。

青年时期的伯里克利加入了军队，与希腊同盟共同抗击入侵者。最终，雅典取得了胜利，并与其他一些希腊城邦缔结了提洛同盟。雅典在希腊诸多城邦中脱颖而出，成了强大繁荣的存在。伯里克利身为雅典公民，满怀信心和自豪踏上了政治的舞台。

伯里克利是一位优秀的政治家，他刚正不阿、廉洁奉公、冷静果断。这些品质令他在政坛中快速地崭露头角。

公元前466年，伯里克利成了雅典民主派的代表，抨击了代表贵族利益的战神山议事会。他的一系列举动令贵族派势力受到沉重的打击，而他一跃成为雅典民主派和国家政权的重要领导人。公元前443年，伯里克利担任首席将军，并成了雅典的实际统治者，掌握雅典政权。

▲ 伯里克利雕像

伯里克利的政绩分为两个方面：一方面是对内主张，另一方面是对外主张。

其中，对内主张包括4个方面：一是剥夺贵族的权力。当时，雅典的各项政治大权被战神山议事会掌控，而这个议事会的成员是雅典的贵族。伯里克利执政后，他废除了战神山议事会，并设立公民大会、五百人会议和陪审法庭。二是开放官职。当时，雅典公民被划分为4个等级，第3等级公民没有担任执政官的资格，第4等级公民没有担任官职的权利。伯里克利提升了第3、第4等级公民的权利，从此第3等级公民有资格担任执政官，第4等级公民有资格担任官职，甚至是执政官。三是实施工薪制。未改革之前，陪审法官这一公职享有国家发放的工薪，改革后，工薪制扩大到大多数公职。四是限制能够取得雅典公民身份的范围。伯里克利规定，只有父母双方皆为雅典公民的人，才有资格成为雅典公民，享有公民权。

伯里克利的一系列内部改革，令雅典的奴隶主民主政治日渐完善。

在对外主张上，伯里克利以扩张雅典势力和谋取利益为根本原则。雅典与其他城邦结盟，共同反对以斯巴达为首的同盟势力。在伯里克利的带领下，雅典吞并了好几个位于希腊半岛的小国，令雅典在希腊半岛的势力达到顶点。在雅典与波斯的持久战中，伯里克利开辟了新的战场，大败波斯舰队。此外，伯里克利还注重加强雅典和其他国家的外交。

伯里克利一生的政绩远远不止这些。譬如，他还致力于雅典城市建设，鼓励经济、文化、艺术发展等，这些措施令雅典变得空前强盛和繁荣。可惜的是，伯里克利的晚年十分坎坷，出于某些原因，他被撤去职位，他的两个儿子也死于瘟疫之中。

后来，伯里克利恢复了职位，但没过多久，就被瘟疫带走生命。至此，属于伯里克利的辉煌时代落下帷幕。

雅典的贝壳放逐法

在中国古代，贝壳充当着交易货币。但对古希腊的雅典公民来说，贝壳是进行政治性投票的工具。这一奇特的政治制度，正是雅典历史中有名的"贝壳放逐法"。

贝壳放逐法，又被称为"陶片放逐法"，类似现今的公民投票法。在过去的雅典，政治权力由贵族掌控，雅典人民对贵族既恐惧又痛恶。经过数位雅典民主派领袖的努力，贵族的政权与势力终于被推翻，由雅典公民共同当政的民主制度得以建立。

尽管如此，雅典公民还是害怕贵族复辟。当时的民主派领袖克里斯提尼为了防止贵族统治复燃，也为了捍卫民主思想，便创立了贝壳放逐法。从一定程度上来说，贝壳放逐法其实起源于民主派对独裁统治的恐惧。

每逢每年春季的公民大会，雅典公民都会会聚于中心广场，分别获得一枚陶片或贝壳。这种活动采用匿名的方式，让公民将不受欢迎的，在思想和行为上对民主制度存在危害的，以及广受欢迎、极具威望、有可能成为僭主的人写在陶片或贝壳上，然后投入密封的箱子。经过统计，获得票数最多的人将会被放逐。

一般来说，一年会放逐一人，放逐期限是10年。被放逐的人不仅不能回雅典，也不能和雅典人有任何接触。不过，被放逐的人并不属于罪犯。在放逐期间，其财产和公民权都被保留，等放逐期满后就能回国。

贝壳放逐法的特点在于，不管你的身份是什么，不管你多么爱国，只要你所得的票数是最高的，都会被驱逐出境。哪怕被放逐的人内心无比委屈，也没有申诉的机会。

在雅典文献中，有一则关于贝壳放逐法的故事。

古希腊有一位正直的政治领袖，在雅典人民心中，他非常有威望。然而，这位有威望的人却成为众矢之的，人们想要将他放逐。这位政治领袖很不解，他一心一意为了雅典，大家为什么要将票投给他，将他放逐呢？

一天，这位政治领袖来到雅典的中心广场，一个穿着朴素的雅典公民朝他走来。这个公民手中拿着一个贝壳，笑容满面地朝他打招呼。政治领袖虽然不认识对方，但出于礼貌，也笑着回应了。

公民对这位政治领袖说："先生，我不识字，更不会写字，您能在我的贝壳上写上'Aritrides'这个人的名字吗？"

政治领袖很吃惊，因为对方要写下的正是他的名字。他一边帮对方写下名字，一边问对方："你认识你要弹劾的这个人吗？"

对方摇头说："不认识。"

政治领袖问："那你为什么要弹劾他呢？"

对方回答："我一天到晚都在听身边的人说这个叫'Aritrides'的人有多么优秀，多么出色，我都快烦死了。为了耳根能清净点，我要投票将他驱逐出境。至于他是好人还是坏人，谁管得着呢！"

从这则故事来看，贝壳放逐法是存在弊端的，很多投票人是盲目跟风的。因此，很多人被莫名其妙地驱逐出雅典。

在雅典历史上，许多名人因为贝壳驱逐法而被驱逐出境，如塞米托克利和苏格拉底。

塞米托克利是雅典海军创始人，他领导雅典海军数次击退波斯军队。当他回国时，他面临的不是雅典人的欢呼，而是将他放逐这一消息。他被放逐的理由是，他的权力过大，声望过高，对雅典民主制度存在极大的威胁。尽管塞米托克利无比苦闷和委屈，但最终只能离开雅典。

苏格拉底是古希腊著名哲学家，他认为当时雅典的民主政治荒唐可笑，那些无知、盲目跟风的投票者会毁了雅典。他提倡由哲学家来治理国家。因此，人们认为他对民主制度产生了威胁，最后在公民大会上将票投给了他，要将他驱逐出境。

雅典著名的雄辩家——德摩斯梯尼

　　德摩斯梯尼是雅典著名的民主派政治家、雄辩家，一生致力于反对马其顿入侵希腊的运动。令人诧异的是，这位雄辩家在青年时期曾患有口吃。那么，他是如何成为卓越的雄辩家的呢？

　　德摩斯梯尼出生在雅典的一户富裕人家。在他7岁时，父亲去世了，家中财产被他当时的监护人侵吞。为了拿回财产，年幼的德摩斯梯尼向雅典著名的雄辩家伊赛学习演说术。这场官司耗时5年，他写下数篇演说词，最终以胜诉告终。

　　获胜后，德摩斯梯尼通过学习成为一名律师，专门帮人撰写法庭辩护词，但他内心更希望自己成为一名政治家、雄辩家。

　　在当时，雅典盛行雄辩术。在雅典的各个广场，随处可见有人发表演讲。因此，听众对演讲者的要求越来越高。譬如，演讲者说错一句话，或是用了一个难看的手势，都会迎来抨击和嘲讽。

　　当青年时期的德摩斯梯尼对朋友说他想成为一名雄辩家时，朋友们都哄堂大笑，然后毫不留情告诉他，他是异想天开。因为德摩斯梯尼天生患有口吃，还有说话小声、爱耸肩膀的陋习。尽管如此，德摩斯梯尼依然没有放弃自己的梦想。

　　最初，德摩斯梯尼的演讲很糟糕，先不说自身条件十分差，就是论证也苍白无力，没有逻辑与条理性。为此，他曾多次被轰下讲坛，遭到他人的讥讽和嘲笑。为了成为卓越的雄辩家，他做出了极大努力，挥洒了无数汗水。

据说，他将又厚又枯燥的《伯罗奔尼撒战争史》抄写了8遍；向优秀的雄辩家请教发音的方法，为了纠正发音，将小石子含在嘴里说话；为了让自己的声音变得嘹亮，每天都会做大量的运动；为了改善自己的演讲姿态，会不厌其烦地对着家中的大镜子做演讲；为了提升自己的学识，会阅读大量的书籍……

通过这些努力，德摩斯梯尼终于改掉了口吃、声音小、爱耸肩膀等问题。经过无数次的演讲，他逐渐有了属于自己的演讲风格和技巧，成了一名出色的雄辩家。他的演说词也被整理出版，打动了无数读者的心。他的声望空前高涨，之后顺利步入雅典政坛。

当时，位于小亚细亚及希腊地区的马其顿王国迅速崛起，开始对外扩张。在对马其顿对外扩张的主张上，希腊内部分为两派。一派是支持马其顿扩张，另一派是反对马其顿扩张，德摩斯梯尼则是反对派的首要代表之一。

为了遏制马其顿王国统治者腓力二世的扩张举动，德摩斯梯尼在公民大会的讲坛上进行了多次演讲。腓力二世看了德摩斯梯尼激情澎湃的演说词后，不禁打趣说道，如果他是德摩斯梯尼的听众，一定会加入反对派。

德摩斯梯尼的数篇演讲激起了雅典人民的爱国情怀。在雅典的公民大会上，人们投票选举德摩斯梯尼为外交大使，让他联络友邦拜占庭。

在德摩斯梯尼的努力之下，反对派很快就缔结了反马其顿同盟。在对战马其顿舰队时，德摩斯梯尼被任命为海军将领。但希腊最终结果还是战败了，雅典失去自由与独立，而德摩斯梯尼在之后很长一段时间都十分颓废。

公元前366年，腓力二世被刺杀身亡的消息传入雅典。德摩斯梯尼高兴极了，他振作起来，凭着自己的雄辩术，再次激发了雅典人民的爱国情怀，组建反对马其顿王国的武装力量。这一次，反对马其顿的起义依旧失败了。

马其顿王国为了防止德摩斯梯尼继续动员雅典人民发动起义，便要求雅典人交出德摩斯梯尼。由此，德摩斯梯尼开始了流亡生活，马其顿王国对德摩斯梯尼展开抓捕。德摩斯梯尼在逃无可逃的情况下服毒自杀了，一代雄辩家的一生就此落幕。

德摩斯梯尼虽然与世长辞，但他的爱国精神、为独立和自由而战斗的精神却一直鼓舞着雅典人民。为了纪念他，雅典人民为他建造了一尊青铜像。

历史之父——希罗多德

希罗多德是古希腊著名的作家、历史学家，他将旅行中的所见所闻，以及波斯第一帝国的历史记录下来，写成了《历史》一书。正是这本巨著，使他成为西方文学的奠基人和人文主义的杰出代表。他也被人们誉为"历史之父"。

公元前484年的一天，小亚细亚南海滨的一座古老城市传来了一阵婴儿的啼哭声，希罗多德降临到人世。

希罗多德出生在一个富裕家庭，他的父亲是一位富有的奴隶主，叔叔是当地赫赫有名的诗人。在叔叔的影响下，希罗多德勤奋好学，酷爱历史与文学，也有着强烈的爱国情怀。

当时，希罗多德所在的城邦被篡位者统治。成年后的希罗多德跟随叔叔的步伐，加入了反抗篡位者的斗争。最终，斗争被镇压，希罗多德的叔叔被诛杀，他则被放逐。后来，人们推翻了篡位者的统治，希罗多德返回故乡。但没过多久，他又被迫离开，并且再也没能回去过。

希罗多德真正意义上的长途旅行，要从他30岁那年开始。他在黑海北岸、埃及最南端、亚平宁半岛和西西里岛，以及两河流域下游一带都留下过足迹。希罗多德没有那么多积蓄来维持他的旅行，所以在旅途中，他会将一个地方的特色物品带去他下一个旅行地售卖。

希罗多德的旅行并不仅仅是为了欣赏旅途风景。每到一个地方，他都会考察当地的地理环境，领略当地的风土人情，并且将他听到的历史故事和传说一一记录下来。这些笔记成了他撰写《历史》一书的珍贵资料。

公元前445年，希罗多德来到雅典。当时的雅典已经结束了与波斯的战争，经济、文化高速发展，成了希腊最强盛的城邦之一。希罗多德积极投身于政治文化活动，并与政治家伯里克利成为朋友。

希罗多德特别好奇希腊是如何打败波斯这样的大国的。他向很多参加过战争的人打听战况，收集到很多珍贵的资料。在成为雅典公民、定居雅典后，他开始了自己的创作旅程，写下《历史》这本书。

《历史》是一本内容丰富的百科全书，书中除了讲述波斯历史、希腊与波斯的战争外，还讲述了其他20多个国家的历史，内容包含这些国家的地理环境、经济生活、政治制度、风土人情、宗教信仰、历史传说、名胜古迹等诸多方面。此外，这本书辞藻优美，极具文学价值。

希罗多德去世时，《历史》一书并没有完结，但他的成就已经足以令他被人们誉为"历史之父"。

"古希腊三贤"之苏格拉底

苏格拉底是古希腊著名的哲学家，不过他并没有留下作品，他的哲学思想全都是通过他的学生柏拉图和色诺芬传递出来的。在柏拉图和色诺芬的著作中，常常会看到两人与苏格拉底之间的故事和对话，苏格拉底所说的话语往往充满很强的哲学性。因此，人们将苏格拉底列入"古希腊三贤"之中。

苏格拉底出生于希腊雅典的一个普通家庭，父亲是一位雕刻家，母亲是一位助产士。

据说，苏格拉底长相奇特，狮鼻，嘴唇跟香肠一样厚，眼睛像青蛙眼一样外凸。尽管他的外貌很平凡，但他的思想却能洗涤人的心灵。

苏格拉底出生时，波斯战争刚结束，并且希腊获得了胜利，雅

◀ 苏格拉底雕像

典一跃成为希腊强盛的城邦之一。他成长于伯里克利统治时期。在这个时期，雅典的文化发展空前迅速，许多智者都会聚于雅典。

苏格拉底结识了声望极高的智者普罗泰戈拉、普罗第柯等人，并向这些智者求教，与他们共同探讨社会问题与哲学思想。他像苦行僧一般，只注重精神追求，而对生活质量不甚在意。他一件衣服可以穿数个寒暑；对于食物不求味道好，能果腹就行；住所寒酸简陋，但从不抱怨。他将所有的时间都放在了研究学问上，他的思想成就都由他的弟子记录了下来。

尽管苏格拉底跟着父亲学会了雕刻手艺，但他并没有子承父业，而是通过自学，成为一名不收取报酬的社会道德教师。他整天在雅典的街道上游荡，与人们探讨各种问题，如什么是民主，什么是真理，什么是美德，什么是勇气，你的工作是什么，你有什么技能……他所谈论的问题十分广泛，主要是想通过这些问题引导人们认知到：人其实是非常无知的。他希望人们通过批判性的研讨去追寻真正的正义与和善，只有这样才能让雅典发展得更好。

中年时期的苏格拉底成了雅典远近闻名的人物，他与众多智者展开过辩论，辩论内容主要与伦理道德、教育和政治等有关，而他"美德即知识""认识你自己"等思想主张也备受雅典人推崇。因此，他被认为是当时最有智慧的人之一。

值得一提的是，苏格拉底加入过军队，参加过3次战争。在战争中，他表现英勇，救下了很多受伤的士兵。他还担任过雅典公民大会的陪审官。不过，这位著名的哲学家，在70岁高龄时因"亵渎神明"和"腐化青年"等罪名被判入狱。之后，他没有接受朋友和学生要他乞求赦免和外出逃亡的建议，而是饮下毒药自尽，就这样结束了其光辉的一生。

苏格拉底之死

1787年，法国画家雅克·大卫创作了一幅油画，名为《苏格拉底之死》。这幅作品描绘了苏格拉底服毒自杀时，他的弟子悲哀地为他送行时的情景。这位伟大的圣贤究竟为何要选择服毒自杀呢？

据说，苏格拉底在雅典很有声望，门下有无数的弟子。在思想上，苏格拉底是位"助产士"，但在生活上，他却颓废、邋遢，并且嗜酒成性。

当时，雅典民主派一位领袖的儿子非常推崇苏格拉底，不管是在思想上还是在行为上，都在向他靠拢。所以，这位领袖的儿子逐渐成了一位傲慢的酒鬼。领袖看着烂醉如泥的儿子，认为是苏格拉底令他的儿子堕落的，因此，心中暗暗憎恨苏格拉底。

此外，苏格拉底认为雅典民主政体的根本缺陷是把国家政权交给缺乏真知灼见的人们，他预言雅典会毁在民主派手中。他主张雅典应该由贵族统治，再由哲学家来治理。在他的思想主张下，他的许多学生成了反民主派组织的头领。

因此，对当时的民主派来说，苏格拉底绝对是个极大威胁。反对苏格拉底的人纷纷会聚在一起，并在公民大会上提出诉讼，说苏格拉底是魔鬼，他引导雅典青年走向堕落，吞噬照耀雅典的明媚阳光。

最终，通过贝壳驱逐法，苏格拉底被驱逐出雅典。

　　不过，苏格拉底并没有离开雅典，开启流亡生涯。他认为，逃亡即代表向民主派屈服。所以，他选择服毒自杀。临死之前，他手中端着毒药，将自己的弟子召集在跟前，告诉弟子们，雅典的民主充满罪恶，要反抗民主派。说完，就饮下毒药，在弟子悲怆的目光中离开人世。

　　关于苏格拉底的死还有一种说法，有些人认为他并没有被驱逐出雅典，而是被民主派直接判处死刑。他的朋友和弟子让他逃亡，但他拒绝了，最终喝下毒药死去。

　　值得一提的是，苏格拉底的死唤醒了雅典人的良知。他们为他建造了一尊雕像，以此来表示自己的愧疚之情。

"古希腊三贤"之柏拉图

柏拉图是古希腊著名的哲学家、思想家，是西方客观唯心主义哲学家的始祖。他的众多思想与作品对后世影响深远，人们将他的哲学思想命名为"柏拉图哲学"。

公元前427年，柏拉图在雅典一个贵族家庭中诞生。青年时期的柏拉图特别推崇苏格拉底，并拜其为师。他和苏格拉底一样，对当时的雅典民主派十分反感。他主张人们应该做合乎身份的事，如农民应做的是种田，商人应做的是买卖，医生应做的是为病人治病，这些人都不应该有国家大事的决策权，否则国家就会退步、乱套。

柏拉图与苏格拉底一直致力于反对民主派的行动。后来，苏格拉底因此而牺牲，这令他深受打击，很长一段时间都处于颓废状态。柏拉图带着对雅典的失望，离开了他的故乡，开始了自己艰苦的旅途。他的足迹遍布埃及、意大利、小亚细亚等地。每到一个地方，他都会宣扬自己的思想和政治主张。

某一天，中年的柏拉图来到了西西里岛上的一座古城，他试图说服古城首领利用哲学思想来治理国家。不过，他的说服没有成功。失意之下，他准备返回雅典，但在回去的途中，被人变卖为奴。

在充当奴隶的这段时间里，柏拉图饱受摧残，直到遇上朋友为他赎身，他才恢复了自由。回到雅典后，他沉寂了很长一段时间，之后开办了一所学院。进入他的学院学习有一个前提，就是要懂得几何学，如果不懂，就不能入内。

柏拉图担任学院的老师，他开设了数学、天文、音乐、哲学4门课程。他教导学生，人不能活在现实世界，应该生活在自己脑海中的那个世界。他将他的思想和主张传授给学生，培养了许多与他有着相同政治理念的人。

柏拉图一生创作了许多作品，如能体现他政治理念的《理想国》和《法律篇》、探讨辩证法与修辞学的《斐德若篇》、探讨审美教育的《会饮篇》等。其中，他最著名的著作是《理想国》，书中记录了苏格拉底与众人的对话。从中可以看出，他继承了苏格拉底唯心主义哲学的思想体系。

从柏拉图的作品中可以了解到他有这样一些思想主张：物质世界是不真实的，理念世界是真实的；在物质世界外，还存在一个非物质世界；人的知识并不能从实践中获得，因为它是先天固有的；人存有灵魂，而灵魂是不死不灭的，可以不断转生，想要重新获得知识，就要回忆自己的前世；哲学家的灵魂比普通人的灵魂更纯净；等等。

柏拉图的思想包含多个方面，如伦理、教育、文艺、政治、音乐等，综合在一起形成了以他的名字命名的哲学体系。

值得一提的是，柏拉图的哲学体系还涉及有关爱情的理论。他认为爱情是纯洁的，不应该与情绪挂钩，其中不应该存在利益关系；真正的爱情源于人的内涵，虚假的爱情才源于人的皮囊……他强烈反对庸俗的爱情，更注重爱情中的精神方面。他的爱情学说，被后人命名为"柏拉图式的精神恋爱"。

柏拉图去世后，他的思想和主张由他的学生继承，并继续发扬光大。直到今日，他的一些思想仍旧影响着人们。

"古希腊三贤"之亚里士多德

　　亚里士多德是古希腊著名的哲学家、科学家、教育家和思想家，他的思想理念涉及面广泛，影响深远，马克思称他为"古希腊哲学家中最博学的人物"，恩格斯称他为"古代的黑格尔"。亚里士多德在哲学方面做出了哪些贡献，令他获得这些尊荣呢？

　　公元前384年，在巴尔干半岛色雷斯的一个名叫斯塔基拉的小城中，一个男婴诞生了。他的父亲给他起名为"亚里士多德"。

　　亚里士多德的家庭条件很不错，他的父亲是当时马其顿王国的御医。因为亚里士多德对几何学很痴迷，18岁那年，他去了雅典，进入柏拉图创办的学院学习。他成为柏拉图的学生，一学就是20年。

　　亚里士多德勤奋好学，涉猎广泛。他不是只会看书、学习的书呆子，也有着自己的想法和主张。由于他的出色表现，柏拉图称他为"学院之灵"。直到柏拉图去世，亚里士多德才离开

▲ 亚里士多德雕像

学院。

之后，亚里士多德在雅典待了两年，后受好友邀请，前往小亚细亚，并娶了好友的侄女为妻。后来，当地发生暴动，他不得不带着家人离开。当时的马其顿国王腓力二世十分欣赏亚里士多德的才华，便聘请他为年幼的亚历山大三世的老师。亚历山大东征后，他离开马其顿，重新回到雅典，创办了吕克昂学园。

在这期间，亚里士多德一边教授学生，一边进行创作。他的教学理念是，要将学生划分为不同的年级，不同的年级教授不同的内容，并从德育、智育、体育3个方面对学生进行教育。公元前300多年，人们在雅典的城郊常常能看到他教授学生的场景。他创办的学园，也成了古希腊科学发展的中心地。

亚里士多德凭借自己的学识，分类创作了许多作品，如逻辑学的著作有《工具论》，自然哲学的著作有《物理学》《气象学》等，动物学的著作有《动物志》《动物之运动》《动物之行进》《动物之生殖》等，探讨人的著作有《论灵魂》《论感觉和被感觉的》《论记忆》《论青年、老年及死亡》等，涉及伦理学的著作有《尼各马可伦理学》《大伦理学》等，探讨美学作品的著作有《修辞学》《诗学》《亚历山大修辞学》等。亚里士多德的作品远不止这些，他涉猎的内容过于广泛，因而他又被世人称为"百科全书式"的学者。

亚里士多德虽然是柏拉图的学生，但他并没有继承老师唯心主义哲学的思想。他认为，世界是由"形式"和"质料"组成的，"形式"是指每一个事物的个别特征，"质料"是指事物组成的材料，就好比人，人的形式是会哭会笑，而一旦死亡，形式就会消失，而仍然存在的是作为"质料"的肉体。所以，亚里士多德追求的是形而上学，信奉的是真理，他也是现实主义的鼻祖。

当时，雅典人对马其顿王国的统治强烈不满。公元前323年，亚历山大大帝逝世，之后雅典人发动了多次起义。亚里士多德作为亚历山大大帝的老师，成为人们讨伐的目标。

后来，亚里士多德的学生将他送出雅典，但他还是死在了逃亡的途中。一代伟大的圣贤，从此长辞于世。

神王——宙斯

在古希腊的神话体系中，凌驾于众神之上的是被古希腊人称为"神王"的宙斯。

宙斯也被古希腊人称为"众神之王"，因为他是奥林匹斯十二主神之首，统治着宇宙万物。在希腊神话里，有着众多关于他的传说。

在神话中，宙斯的父亲是克洛诺斯，母亲是女神瑞亚。他的父亲克洛诺斯之所以能成为统治者，是因为他推翻了自己父亲的统治。克洛诺斯担心自己的统治也会被子女推翻，在孩子刚出生时，就将他们吞进肚中。宙斯的母亲为了保护宙斯，用一块石头将他调了包。宙斯被她送去山林，在一个山洞中长大。

宙斯长大后，知道了自己的身世，在母亲的帮助下，从父亲的肚子里救出了自己的兄弟姐妹。他联合获得新生的兄弟姐妹一起推翻了父亲的统治，获得了最终的胜利。他与父亲的战争，被称为"提坦

▲ 宙斯雕像

之战"。

后来，宙斯和哥哥们通过抓阄来决定谁将成为众神之王，掌管天上与人间。最后，宙斯成为宇宙的统治者，司掌万物、众神和天空。他有许多化身，如神、皇帝、雄鹰、雄狮、公牛、橡树、王座等。

在后来的文学作品中，宙斯的身份和形象各不相同。在诗人荷马的作品里，宙斯是光明之神，是诸神和百姓的父亲；在埃斯库罗斯的笔下，他是天地之神，掌管着正义与惩戒。这些作品的共同点，就是都认为宙斯是至高无上的天神。

在神话故事里，宙斯是一个独裁的神，一切规则都由他来制定。他也遗传了父亲多疑的性格，时刻担心有其他神会推翻自己的统治。所以，在希腊文化中，宙斯也是专断和多疑的代名词。

荷马与《荷马史诗》

　　《荷马史诗》是古希腊最伟大的作品之一。这部史诗级的著作分为两部分，即《伊利亚特》和《奥德赛》，由古希腊盲诗人荷马所著。

　　从古希腊文献中可以窥见，荷马是一位盲人，下巴上的大胡子非常茂密。尽管历史学家希罗多德、哲学家柏拉图和亚里士多德认为《荷马史诗》是由荷马著成的，但仍有很多学者质疑这一点，这些质疑声在18世纪尤为高涨。

　　当时，许多历史学家认为，荷马这个人并不存在，"荷马"仅仅是希腊各城邦说唱艺人的总代表。给出的论证理由是，《荷马史诗》中的两部分出现的时间前后相隔数百年。这个观点立马掀起了研究荷马的热潮。

　　18世纪末，德国学者沃尔夫对《荷马史诗》进行了细致的研究。他发现，史诗的每个部分都能作为独立的诗歌，由歌手演唱出来，并且都曾经过多次修改和整理。所以，他认为《荷马史诗》的作者并不是荷马。

　　另一位德国学者尼奇认为，希腊历史上确实存在过荷马这个人，但

▲ 荷马雕像

《荷马史诗》并不是他的原创，他仅仅是对当时的诗歌进行了整理和加工，最终编纂了《荷马史诗》一书。

　　不管历史上是否有荷马这个人，或《荷马史诗》是否由荷马写成，都不能改变《荷马史诗》这部文学巨著的价值。

　　《荷马史诗》以六音步扬抑抑格写成，《伊利亚特》和《奥德赛》各有24卷。其中，《伊利亚特》讲述的是特洛伊战争中阿喀琉斯和阿伽门农之间的争执；《奥德赛》讲述的则是特洛伊沦陷后，大英雄奥德修斯回到伊萨卡岛与妻子团聚的故事。

　　《荷马史诗》展现了古希腊特有的社会风俗，极具历史价值与文学价值。

《伊利亚特》与《奥德赛》

  《伊利亚特》和《奥德赛》是《荷马史诗》的组成部分。这两部史诗讲述了怎样的故事呢?

  《伊利亚特》主要描写的是战争,讲述了特洛伊战争中发生的故事。故事的概要是,希腊与特洛伊之间的战争持续了9年多,希腊联盟军的首领阿伽门农与手下将领阿喀琉斯因为一个美丽的女俘虏发生了争执。之后,阿喀琉斯卸下将领一职,但因为他的退出,希腊盟军节节败退。危急之下,阿喀琉斯的好友帕特洛克洛斯穿上阿喀琉斯的盔甲领兵对敌,扭转了战局,然而他却被特洛伊的统帅赫克托尔杀死。阿喀琉斯得知这个消息后,非常悲伤,重新穿上盔甲上了战场,杀死赫克托尔,为好友报了仇。

  后来,特洛伊的老国王找到阿喀琉斯,希望他能归还儿子赫克托尔的尸体。阿喀琉斯被老国王所感动,便将尸体交还了回去。这个故事在老国王为赫克托尔举办的盛大葬礼中落下帷幕。

  《奥德赛》讲述的是特洛伊战争结束后的故事。当希腊的士兵取得胜利返回家乡时,伊萨卡岛的国王奥德修斯并没有回去,他带着船员们继续在海上漂流。他的船队先是到了一个隐世的岛国,遭到岛上居民的袭击,后又漂流到另一个海岸。船员们因为太过饥饿,吃了岛上一种奇怪的果子,这个果子有迷惑人的作用,令他们不愿意离开海岛。

　　无奈之下，奥德修斯将船员们绑在船上，继续在海上漂流。他碰到了独眼巨人，并刺中独眼巨人的眼睛。独眼巨人是海神的儿子，之后海神施法使他的船队遭遇狂风大浪。后来，奥德修斯又来到了风神岛，风神欣赏他的勇敢和机智，送给他一个能装风的口袋。

　　在奥德修斯的船队即将抵达家乡时，他的船员们怀疑那个口袋里装的是金银财宝，并悄悄打开了它。于是，口袋里的风又将他的船吹回了风神岛。这一次，风神不愿再帮助他了。之后，奥德修斯又去到了巨人岛和魔女海岛，并被宙斯囚禁7年。

　　在此期间，奥德修斯的妻子珀涅罗珀受到了数百位贵族子弟的求婚。但她只爱自己的丈夫，用各种借口一一拒绝了求婚。

　　后来，奥德修斯的儿子忒勒玛科斯受到了女神雅典娜的指点，出发去寻找到父亲。奥德修斯和忒勒玛科斯在诸神的帮助下，历经重重困难，终于返回了家乡。

　　《奥德赛》的结尾是，奥德修斯和珀涅罗珀终于团聚，一家人又幸福地生活在了一起。

诗人桂冠的来历

对诗人来说，被授予桂冠是无比荣耀的事情，因为桂冠代表了众人对诗人才华的认可。在西方历史上，许多诗人都被授予过桂冠。如英国浪漫主义诗人拜伦，他在希腊病逝后，希腊人民在他的灵柩上放上了桂冠；又如，伟大的诗人薄伽丘也被授予过桂冠。在古希腊，每一位诗人都梦想着自己有一天能够获得桂冠。

那么，诗人的桂冠是怎么来的呢？这与古希腊的神话传说有关。

在古希腊神话中，爱神掌管着情爱，凡是被爱神的爱之箭或恨之箭射中的神或人，都会对在那之后第一个见到的神或人产生爱意或恨意。有一天，太阳神阿波罗遭到爱神的捉弄，被射中了爱之箭，而他看到的第一个人是月桂女神达芙妮，阿波罗深深地爱上了她。不巧的是，达芙妮同样遭到了爱神的捉弄，被射中了恨之箭，而她第一个看到的人正好是阿波罗。

在阿波罗向达芙妮表达爱意后，达芙妮冷酷地拒绝了。面对阿波罗的穷追不舍，达芙妮向父亲河神求救。河神掀起巨浪，不承想巨浪却将达芙妮吞没了。河水退去后，达芙妮不见了，只留下一棵月桂树。

阿波罗伤心极了。他抚摩着月桂树说："达芙妮，我深爱着你，你快回来吧！我要将你的月桂树树叶缠在竖琴和银弓上，让你永远陪伴着我；我要将你的月桂树枝叶变成桂冠，戴在常胜将军的头上，戴在才华横溢的诗人头上。"

由此，桂冠就成为诗人荣誉的象征。

古希腊悲喜剧的诞生

古希腊被视为欧洲戏剧的发源地，诞生过许多出色的戏剧家。这些戏剧家创作了无数优秀的作品，其中有悲剧，也有喜剧。那么，最初的悲剧与喜剧，是如何诞生的呢？

古希腊有着众多的城邦，这些城邦的文化大同小异。在希腊，许多城邦有一个非常重要的节日，即"酒神节"。顾名思义，它是为了纪念酒神而存在的节日。

在这个节日里，古希腊人民会聚在一起，为酒神举行隆重的祭祀仪式，以期望酒神能够保佑希腊土地肥沃、风调雨顺。在节日那天，人们穿着盛装，围绕祭坛唱歌跳舞，一部分人打扮成半人半羊的模样，演唱《酒神颂》。歌词内容除了哀叹酒神在人间遭受的苦难外，还表达了对酒神复活的欢喜心情。

这首歌其实就是古希腊悲剧的雏形。后来，人们搭起布景，在歌唱的基础上增加了表演内容，悲剧由此产生。

此外，古希腊的喜剧也诞生于酒神节。在酒神节，一些城邦会进行喜庆的节目表演。后来，雅典又增加了喜剧竞赛的项目。随着喜剧渐入人心，它逐渐形成一种文化，古希腊的喜剧就诞生了。

此后，越来越多的古希腊人投身到悲剧与喜剧的创作中，这极大地丰富了戏剧内容，古希腊也由此诞生了无数优秀的戏剧家。

古希腊悲剧作家之埃斯库罗斯

埃斯库罗斯是古希腊著名的悲剧诗人、悲剧作家，他创作了许多悲惨的作品，被世人称为"悲剧之父"。那么，埃斯库罗斯创作悲剧的灵感来自哪儿呢？

公元前525年，埃斯库罗斯在希腊阿提卡的小城埃琉西斯出生了。埃斯库罗斯的家庭虽然富裕，但他童年和青年时期的生活却是充满阴霾的，因为他生活在希腊著名的僭主希庇亚斯的暴政之下。或许是因为看过、经历过太多悲惨的事情，所以他的作品总是悲剧色彩更浓一点。

公元前508年，雅典执政官克里斯提尼实行改革，这令雅典逐渐走向民主，城内的戏剧文化也得到了空前的发展。埃斯库罗斯从小就喜欢戏剧，后来他来到雅典，一边欣赏戏剧，一边创作戏剧，还参演过自己创作的戏剧。

没多久，希腊与波斯之间的战争爆发了。有着强烈的爱国情怀的埃斯库罗斯拿起武器上了战场，参加了马拉松战役。在这次

▲ 埃斯库罗斯雕像

战役中，他的兄弟阵亡。后来，雅典沦陷了，可他依然没有放下手中的武器，而是加入了希腊舰队，参加了萨拉米斯海战。

战争结束后，埃斯库罗斯前往西西里岛，结识了很多诗人，并创作了剧本《波斯人》。回到雅典后，他找来演员排练。剧本里的悲惨画面被演员表演得十分生动，公演时，这场戏剧引起了许多人的共鸣，他也由此声名大振。

之后，他又创作了以希腊神话为题材的悲剧作品《奥瑞斯提亚》。这部戏剧由3个单元组成，分别是《阿伽门农》《奠酒人》和《降福女神》。

埃斯库罗斯创作的最著名的悲剧是《被缚的普罗米修斯》。这部戏剧与《被释放的普罗米修斯》《带火的普罗米修斯》组成了他的"悲剧三部曲"。此外，他还创作了《乞援人》《七将攻忒拜》等悲剧，每一部都非常震撼人心。

埃斯库罗斯的戏剧作品虽然都是悲剧，但每一部作品在内容和形式上都有很大的不同。正是这些优秀的悲剧作品，使他获得了多达13次的雅典诗人比赛的最佳奖。

埃斯库罗斯是当之无愧的悲剧大师，他的死也充满了戏剧性。据说，埃斯库罗斯是被空中掉落下来的乌龟砸死的。去世后，他被葬在了格拉。

古希腊悲剧作家之索福克勒斯

索福克勒斯是古希腊著名的戏剧家，是古希腊"三大悲剧作家"之一。尽管他的作品都是悲剧，但往往又体现出独立自主的精神，这成了他戏剧中一种独特的风格。

索福克勒斯出生于雅典，他的父亲经营着一家兵器作坊。多才多艺且受过良好教育的父亲，对童年时期的索福克勒斯影响很大，令他对音乐、舞蹈尤为感兴趣。

公元前480年，希腊在萨拉米斯海战中击败了波斯。这场战役赢得非常艰辛，整个希腊都为之欢欣鼓舞。为了庆祝战争的胜利，人们成立了一个朗诵班。少年时期的索福克勒斯因为长相俊美，声音动听，便被选为朗诵班的领队。这次演出极大地影响了他以后的戏剧创作之路。

后来，索福克勒斯进入政界，先是担任以雅典为首的提洛同盟的财政总管，后又两次担任军中要职。在以雅典为首的提洛同盟与以斯巴达为首的伯罗奔尼撒同盟交战时，他毅然上了战场，并同雅典的执政官伯里克利一同领兵镇压想要脱离提洛同盟的小城邦。直到80多岁的高龄，他仍然活跃在政坛上。

尽管索福克勒斯政务繁忙，但他还是抽出时间创作了大量的戏剧。据统计，他在70多年的创作生涯中创作了123部悲剧和喜剧。可惜的是，其中只有7部作品流传至今，这些作品分别为《埃阿斯》

《俄狄浦斯王》《安提戈涅》《特拉基斯妇女》《厄勒克特拉》《菲洛克忒忒斯》和《俄狄浦斯在克罗诺斯》。

在索福克勒斯的戏剧中，能看出他信奉神和命运，同时，其中又体现出独立自主的精神。他的戏剧特色与当时雅典的民主政治和城市的繁荣息息相关。

据记载，索福克勒斯活到了90岁，他在人生的最后阶段还参与了唱诗班与戏剧的排练。在他去世后，雅典人民为他举行了隆重的葬礼。人们在他的坟墓前建造了一座善于唱歌的人头鸟雕像，以此纪念他伟大的一生。

古希腊悲剧作家之欧里庇得斯

　　古希腊有三大悲剧作家，除了埃斯库罗斯、索福克勒斯外，还有一位名叫欧里庇得斯。据统计，欧里庇得斯一生创作了90多部作品，现保留的有18部。这些作品令后人对他产生了褒贬不一的看法，喜欢他的极其喜欢，不喜欢他的极不喜欢。不管这些看法如何，都遮掩不住他的才华，以及他对戏剧的贡献。

　　欧里庇得斯出生在阿卡提的一个贵族家庭。因为家境富裕，他系统地学习了很多门学科，其中最喜欢的就是诗和哲学。他收集了许多著作，并专门建立了一个私人图书馆来收藏这些书。他大部分时间都在私人图书馆，鲜少参加贵族组织的社交活动。他没有步入政坛，但却服了很长一段时间的兵役。

　　欧里庇得斯很早就开始写悲剧。据说，他创作出第一部悲剧后，就信心十足地去参加戏剧大赛。然而，现实很残酷，他得了大赛的最后一名。并且，观众在看完他的戏剧后，愤怒地朝着舞台扔垃圾，以此表达内心的不满。这令欧里庇得斯备受打击，在此后很长一段时间内都没有再进行戏剧创作。不过，正是这段时间，令他对悲剧有了新的认识和想法。

　　之后，欧里庇得斯再次执笔进行悲剧创作。这一次，他的戏剧在比赛中获得了第一名，很多观众看完后都赞叹不已。可惜的是，他的这部作品并没有流传下来。

▲ 欧里庇得斯雕像

欧里庇得斯出生的时代并不好，彼时希腊正处于内战之中，对外也战争连连。此外，他家道中落，变得贫寒起来。他娶过妻子，但婚姻生活很不幸福。因此，他的戏剧创作都绕不出悲剧的题材。他创作并流传下来的18部戏剧中，比较知名的有《独目巨人》《阿尔刻提斯》《美狄亚》《赫拉克勒斯的儿女》《海伦》《伊翁》《腓尼基的妇女》《酒神的女信徒》等。

在当时的雅典，很多人欣赏不了欧里庇得斯的作品，甚至有些人因为他的作品对他恶语相向。欧里庇得斯失意之下，在77岁高龄时离开了雅典，来到马其顿王国。但是他仅在那里居住了一年多，就去世了。

比较讽刺的是，欧里庇得斯一去世，人们就发现了他的才华，以及他作品的价值。雅典人为欧里庇得斯举办了盛大的葬礼。

话说回来，为什么很多人不喜欢欧里庇得斯的戏剧呢？其实，从戏剧质量来说，他的悲剧足以令他位列古希腊"三大悲剧作家"之一。人们不喜欢他的戏剧，是因为认为他的戏剧里充斥着对女性的偏见，他笔下的女性角色不是性格凶残，就是有出轨行径。从表面上来看，欧里庇得斯对女性有着浓烈的鄙夷情绪，但从内涵来看，他的内心其实充满了对全体人类的担忧。他的悲剧作品《美狄亚》就是他内心最真实的写照。

在戏剧《美狄亚》中，女主角美狄亚非常爱自己的英雄丈夫。为了自己的丈夫，她抛弃了自己的国家，杀害了自己的亲人。当她觉得幸福已经在向她招手时，现实给了她沉重的一击。她的丈夫出轨了，抛弃了他们的孩子，并向年轻美丽的公主求了婚，而美狄亚则被驱逐出国。

这样悲惨的遭遇令美狄亚的内心充满仇恨。颓废了一段时间后，她重新振作起来，走上了复仇之路。她先杀死了国王和公主，后又杀死自己的孩子，酿成了悲剧。

在《美狄亚》中，女主角美狄亚确实凶狠残忍，但是她的残忍却是建立在极大的压抑与痛苦之上的。所以，发生这样的惨剧，与其说是美狄亚的残忍所致，不如说是人类本性使然。这样的戏剧无疑是震撼心灵的，细细品味，就会感触良多。

欧里庇得斯的创作颠覆了传统戏剧的风格，具有他独特的悲剧色彩。他的戏剧直到今天还在被人们演绎着。

伊索与《伊索寓言》

伊索是古希腊著名的哲学家、文学家，他与克雷洛夫、拉·封丹、莱辛并称"世界四大寓言家"。他一生共创作了300多篇寓言故事，被后人整理成《伊索寓言》一书，其中许多小故事都寓意深远，流传甚广。

据说，伊索生活在小亚细亚一带。他原本是萨摩斯岛一个贵族家庭的奴隶，后来获得自由，开始了创作。伊索之所以会选择创作寓言故事，是因为他小时候外貌丑陋，小伙伴们都不愿意和他玩，但妈妈却会给他讲很多故事。这些故事有些是从别处听来的，有些是妈妈自己编的。这令他对文学创作产生了浓厚的兴趣。

伊索笔下的寓言故事通常都短小精悍，内容大多与动物有关，每一篇故事刻画出来的形象都生动鲜明。这些故事除了内容丰富、有趣外，往往还蕴含着人生哲理或其他寓意。在与动物有关的寓言故事中，小动物是人类的化身，故事内容影射出了人与人、人与社会的关系，如《农夫与蛇》的故事。

这个故事说的是在一个寒冷的冬天，一位农夫在地里发现了一条蛇。这条蛇被冻得瑟瑟发抖，气息微弱。农夫是一个很善良的人，他非常同情蛇的遭遇，并对蛇伸出援手。他将蛇抱起来，放在自己温暖的胸口，用体温帮蛇驱赶寒冷。蛇感受到暖意后，苏醒了过来，也立马恢复天性，对着农夫的胸口咬了一口，农夫中了蛇毒，随即死去了。在这个故事中，蛇是恶人的化身，故事告诉人们，绝不能怜悯像蛇一样恩将仇报的恶人。

像《农夫和蛇》这样的故事有很多，如《狼和小羊》《狮子与野驴》等。作者用狼、狮子等凶恶的动物比喻权贵，用小羊、野驴等比喻弱势群体，影射出权贵的蛮横残暴。

当然，在《伊索寓言》中，也有许多故事总结出了为人处世的道理，如《乌龟与兔》《牧人与野山羊》等。《牧人与野山羊》的故事讲述的是，一个牧人将自己的羊群赶到草地吃草，有只野山羊混入了羊群。牧人高兴极了，将野山羊也赶进自己的羊圈。为了让野山羊心甘情愿地留下来，他给野山羊割来肥美的青草，而对自己的山羊，他只保证它们能勉强吃饱。可是后来，野山羊还是离开了。

在故事的结尾，牧人问野山羊，明明他对它那么好，为什么还要离开呢？野山羊说："你将我照顾得比你自己的山羊还要好，如果以后来了新的野山羊，你肯定又会偏爱它们，而不喜欢我了。"

这个故事告诉人们，做人一定不能喜新厌旧，而喜新厌旧的人的友谊也是不可信的。

总的来说，《伊索寓言》的故事中有对社会矛盾的揭露和批评，有对人生的领悟和启迪，还有对日常生活经验的总结。因此，它成了在全世界都广为传播的文学著作，启迪和教育着无数人。

希腊雕刻——《掷铁饼者》

古希腊是西方艺术的发源地之一，诞生了许多世界级的艺术大师，米隆就是其中之一。公元前449—前334年，是希腊雕刻艺术的鼎盛时期。当时，希腊已经结束了与波斯之间的战争，并取得了胜利，经济、文化都在高速发展。米隆就成长于这个时期。这个时期的希腊艺术家崇尚理想主义，追求完美，雕刻家都倾向于雕刻神话中的英雄人物，如宙斯、雅典娜、阿波罗等。

米隆受到熏陶，也常常雕刻神话中的英雄。不过，他突破了这个时期的雕刻风格，形成了属于自己的风格。他一生雕刻了许多优秀作品，但最著名的还是一尊名为《掷铁饼者》的雕塑。

《掷铁饼者》是米隆于公元前450年雕刻的青铜雕塑。可惜的是，原作已经丢失，人们在展览馆中看到的都是复制品。哪怕是不懂雕刻艺术的人，在看到这件作品时，也能体会到作者在人体结构的刻画方面独具匠心。

《掷铁饼者》展现的是一名男子投掷铁饼的瞬间动作，它取材于希腊现实中的体育竞技活动，所以雕刻的人物是一位竞技者。从细节处理上来看，这尊雕塑刻画得很细腻，从雕塑上能看出竞技者的自信、活力、贵气、庄严与肃穆，让观赏者仿佛置身于那个时代的竞技场。

可以说，《掷铁饼者》是米隆雕刻生涯的里程碑。米隆赋予了它生动与灵气，而它则成就了米隆，给他带来了无上的荣耀。

阿历山德罗斯的《米洛斯的维纳斯》

法国卢浮宫博物馆内收藏着一尊雕塑，这尊雕塑刻画的是一个半裸的美女。不过，这名美女有着不完美之处，即缺失了双臂。这尊雕像就是闻名于世的《断臂的维纳斯》，又名《米洛斯的维纳斯》，它由古希腊雕刻家阿历山德罗斯用大理石材质雕刻而成。

据说，这尊雕像是在爱琴海的米洛斯岛上发现的。当时，一位农民正在翻地，不承想却翻出了一个神龛，里面装着的正是这尊雕像。最初，雕像的双臂是完好的，后来，人们在争夺它的过程中，不小心摔断了。之后很多艺术家尝试着修复这尊破损的雕像，但不管如何修复，雕像看起来都十分别扭，因此干脆放弃。所以，这尊雕像便一直以断臂的形象示人。

这尊雕像的头部和身体是完整的，左边手臂完全缺失，右边手臂只剩下一小节。雕像上半身赤裸，下半身松散地缠绕着一件破烂不堪的裙子。雕像的面部和身体都圆润而丰满，散发着女性的优雅和温柔。雕像尽管有残缺，但却传达出一种残缺的美感，令人不禁惊叹作者的技艺之高超。

《米洛斯的维纳斯》的创作灵感来自古希腊的神话故事。

在罗马神话中，维纳斯是代表爱与美、象征着丰收的女神。在希腊神话中，维纳斯被称为阿佛洛狄忒。

传说，阿佛洛狄忒是在海里的泡沫中诞生的，时光女神和美惠三女神发现她后，将她带到众神会聚的奥林匹斯山。诸神惊艳于她的美貌，纷纷向她表达爱意，众神之王的宙斯就是其一。不过，阿佛洛狄忒拒绝了宙斯的求爱，宙斯便将她嫁给了她不喜欢的火神赫淮斯托斯。但是她爱上了战神阿瑞斯，并和阿瑞斯结合生下了几个儿女。

阿历山德罗斯就是根据古希腊的神话传说，创作了《米洛斯的维纳斯》这尊伟大的雕塑作品。

◀《米洛斯的维纳斯》

第五辑

罗马的梦想

庞贝古城

2000多年前，意大利那不勒斯湾的维苏威火山下，有一座名叫庞贝的美丽小城。小城面积虽然不大，但经济却很繁荣，每个居民的脸上都洋溢着幸福的笑容。唯一令小城居民担忧的是，维苏威火山是一座活火山，它会时不时地小爆发一下，冒出滚滚浓烟，但这并没有对小城居民的生活造成太大的影响。

公元79年8月的一天，太阳已经落山，小城里的很多居民已经熄灯入睡。维苏威火山突然"砰"的一声，发出了震耳的爆炸声。紧接着，火山口喷出岩浆，岩浆雾凝固成火山灰，火山灰覆盖了整个小城。更糟糕的是，这时候天空又下起倾盆大雨，引发了山洪，泥石流瞬间席卷了庞贝小城。

就这样，美丽的小城淹没在了泥石流与火山灰之下，陷入沉睡。城中数千名遇难的居民，也随着小城一同陷入了沉睡。

时光匆匆飞逝，又有新的居民搬迁到了这片土地上。这座古城在沉睡了1600多年后，才被人们发现。

1599年，一个建筑师在维苏威火山下挖掘河道时，挖出了许多砖块和古罗马钱币。庞贝古城的遗迹由此被人们发现。不过，人们并没有立即进行挖掘，而是过了150多年之后，才展开了挖掘工作。而且，在1860年之前，都是小规模挖掘，直到1860年，人们才开始有计划地对古城进行挖掘。

▲ 庞贝古城

随着挖掘深度的增加，庞贝古城逐渐浮现在人们面前。在庞贝古城的遗址内，人们发现了许多已经成为石灰石的遇难者。这些遇难者有的倒在家门口，有的躺在床上。可以推断出，当年的火山爆发太过突然，人们来不及逃离，只能被火山灰和泥石流吞噬，有的人甚至是在沉睡中去世的。

庞贝古城的挖掘工作持续了200多年，大部分建筑得以重见天日。那么，沉睡了数千年的美丽小城，它当年是什么模样呢？

庞贝古城的四面被高高的城墙环绕，有7个城门。小城被分为9个地区，其内的建筑规划有序。从高处俯瞰，能看到一个"井"字。"井"字的笔画是街道，空白处则为建筑。

小城的街道足足有10米宽，皆铺着青石板，街道两旁还有供行人行走的小道。小城的每个十字路口都有一个由石头砌成的水池，石头上雕刻着精美的图案，可以想象，当年这些水池都盛满了清澈透底的泉水。

　　小城的房屋有着古罗马建筑的风格，房屋里布置着家具摆设，以及庞贝人民生活中的小物件。小城里有着许多公共设施，如公共浴室、露天剧院、市场、商店等。可见，当年庞贝小城居民的生活丰富而富裕。此外，人们还挖掘出了许多极具考古与艺术价值的珍贵的壁画。

　　如今，庞贝古城已经成了意大利南部著名的景点，每年都会吸引大批游客前去观光。

罗马和母狼的故事

　　古罗马城的建立与一个神话故事有关，故事中的母狼在罗马的建立上立下了大功。所以，对古罗马人来说，罗马和母狼关系密切，人们对母狼有着崇高的敬意。这则神话故事是这样的。

　　数千年以前，特洛伊与希腊发生战争，最终特洛伊被希腊人攻陷。许多特洛伊人逃离家乡，他们乘坐船只，在大海上漂流了很久，终于在意大利半岛发现了一片人迹罕至的陆地。他们在这片土地上居住下来，并渐渐建立了自己的王国，即亚尔巴·龙伽城。

　　当时，国王有个弟弟，名叫阿穆留斯。他是一个残暴的、极具野心的人，利用阴谋诡计篡夺了哥哥的王位，成为新任国王。为了防止哥哥的后代复仇，他对他们赶尽杀绝，在杀了哥哥的儿子后，又逼迫哥哥的女儿西尔维娅成为永远不能结婚的女祭司。

　　阿穆留斯以为自己以后便能稳坐王位，享受至高无上的权力了。但令他意想不到的是，战神玛尔斯降临人间，并与西尔维娅相爱，二人生下了一对双胞胎。阿穆留斯得到消息后，愤怒极了，下令处死了西尔维娅。至于那对双胞胎，他命人丢到台伯河里淹死了。

　　事实上，西尔维娅并没有被处死，她被战神救走了。他们的儿子也没有被河水淹死，而是被在下游喝水的母狼所救。

　　母狼没有伤害这对双生子，它将他们带回自己居住的山洞，用自己的奶水喂养他们。森林里的鸟儿们极其喜欢这对双生子，时常给他们喂花蜜。后来，一位牧人发现了这对双生子，并将他们带回家中抚养。

牧人给双生子中的哥哥起名罗慕洛，给弟弟起名勒莫。两个孩子在牧人的教导下，成长为勇敢、健壮的青年，并练就了一身好武艺。兄弟俩非常有人格魅力，很多牧人、流浪者和逃亡的奴隶都愿意追随他们。

忽然有一天，兄弟俩知道了自己的身世。他们决定为母亲和死去的舅舅报仇，发誓要杀死阿穆留斯。与此同时，王国里的人民早就对阿穆留斯的统治深恶痛绝。当罗慕洛和勒莫举起推翻阿穆留斯统治的旗帜时，很多人都自愿加入他们，最终杀死了阿穆留斯。不过，兄弟俩并没有成为国王，他们将王位还给了自己的外公。

罗慕洛和勒莫在他们被母狼救起的地方建立了一座新的城市。城市建好后，兄弟俩都想以自己的名字给城市命名，也都想统治这座新城市。最终，兄弟俩将决定权交给占卜。弟弟认为他是最终的统治者，因为他在自己的占卜地看到有6只秃鹫飞过，认为这是神明降下的表示对他认可的神迹，而哥哥却声称神选择了他，因为他在自己的占卜地看到有12只秃鹫飞过。

兄弟俩争执不下，最终发生格斗，哥哥罗慕洛杀死了弟弟勒莫。罗慕洛成了新城市的统治者，并以他的名字命名新城市，也就是"罗马"。

故事还没有结束。罗马虽然建立了，但是城里的居民非常少，居住的都是些流浪汉、罪犯。这些居民游手好闲，凶狠好斗，其他城市的居民根本不想进入罗马，更别谈定居了。

怎么才能增加罗马的人口呢？这个难题摆在罗慕洛的面前。他苦思冥想，终于想出了一个好方法。

罗慕洛对外宣称说，罗马将要举行一个重大活动，他还给其他城市的居民发出邀请，希望大家都来参加。当时，萨宾人很好奇罗马将要举行什么样的活动。在活动当天，很多萨宾人带着妻子和孩子进入罗马。

萨宾人在盛大的活动中陷入欢腾，男人们都失去了警惕。突然，身为东道主的罗慕洛发出暗号，罗马的男人纷纷冲向欢笑着的萨宾人，将他们的妻子、女儿抢回自己的家中。萨宾人受到了极大的侮辱，回到部落后，准备向罗马发动进攻，以此来洗刷遭受到的耻辱。

战争发生在一年之后，双方在一个峡谷里开战。然而，正当要开战时，只见无数的妇女抱着孩子哭喊着冲到战场中央。这些妇女其实是萨宾人的妻子、女儿、姐姐或妹妹。如今，她们在罗马有了新的家庭和孩子。妇女们跪在地上，苦苦哀求不要开战。因为这场战争必定会有伤亡，不管死了谁，她们都会伤心。

萨宾人看到自己的亲人后，不禁心软，放下手中的武器。之后，萨宾人和罗马人达成和解，两个部落合二为一，罗马人口也变得越来越多。

罗马的建立是否真的与母狼有关？人们不得而知。但这并不影响罗马人对母狼的崇敬。罗马人为了纪念母狼，塑造了大量的母狼雕像，其中最著名的就是现今罗马首都博物馆里收藏的《青铜母狼像》。这尊雕像还原了神话故事中的真实场景，母狼正在用自己的乳汁哺乳着腹下的两个男婴，这两个男婴就是神话故事中的罗慕洛和勒莫。

白鹅拯救了罗马

历史上，罗马遭遇过一次覆城危机，幸而得到白鹅的拯救。这究竟是怎么回事呢？

公元前4世纪，罗马收服了许多周边部落，成了一个强盛的国家。不过，这些部落里有一根难啃的"骨头"，那就是西北部的高卢部落。高卢人非常团结，并且英勇善战，他们不仅不承认罗马的统治，还向罗马挥去战争之剑。

高卢人十分果断，他们迅速攻向罗马，一直打到距离罗马不远的克鲁城。罗马元老院派出3名使节向高卢人请求和解，但被高卢人一口拒绝了，还受到了羞辱。3名使节中有一位是射箭高手，他原本想将羞辱他的人射死，不承想却射中了高卢人的酋长。高卢人愤怒之下，一直攻打到了罗马城前的阿里河。

在阿里河的岸边，高卢人与罗马大军进行了一场惨烈的大战。高卢人虽然个头儿矮小，但他们身强力壮，哪怕受了伤，也要与罗马人血战到底。在战场上，高卢人挥动着手上锋利的武器，拼命地砍杀罗马军。这样凶猛的作战方式，令罗马士兵心生畏惧，很快就败给了高卢人。幸存的士兵狼狈地逃回罗马，因为太过惊慌，连城门都忘记关了。

当时，罗马是一个强国，人们都为自己罗马人的身份而感到自豪。然而这一场败仗，令罗马人彻底失去尊严。罗马人将战败的这一天，即 7 月 18 日，定为罗马的"国耻日"。

话说回来，紧追罗马军的高卢人见罗马城门大开，并没有一举攻入罗马城，而是在城门外徘徊。因为高卢人认为，罗马人是故意不关城门的，城内一定设有埋伏。高卢人在城门外侦察了好久，才试探性地进入了罗马城。

高卢人见没有圈套，立马对城内的建筑打砸、放火。令高卢人疑惑的是，偌大的罗马城竟然看不到一个士兵、一个百姓。原来，当高卢人在城门外徘徊时，一部分罗马人撤离到了卡庇托林山冈，另一部分则从另外的城门逃出城外。

高卢人打探到消息后，立马朝卡庇托林山冈进攻。不过，这个山冈地势险要，易守难攻。高卢人进攻了多次，都以失败告终。最后，高卢人改变了作战策略，他们对罗马人实施围困，罗马人缺水断粮后自然会投降。

当时，罗马执政官曼里也在卡庇托林山冈，他自然想到了高卢人的战略，所以苦思冥想怎样才能与城外的罗马军取得联系，让他们前来支援。最后，他派出一个年轻的士兵，让他在夜晚顺着悬崖上的藤蔓往下爬。不过，这名士兵脚刚落地，就被高卢人发现并杀死了。之后，高卢人主动发起攻击，他们顺着悬崖上的藤蔓往上爬，准备给罗马人沉重一击。

高卢人的动作很轻，驻守在悬崖上的罗马士兵完全没有发现危险的逼近，就连听觉敏锐的狗都没听见声响。就当高卢人即将爬到悬崖顶时，悬崖边的鹅群躁动起来，不断地"嘎嘎"大叫，罗马士兵立刻被惊醒。

这时，罗马执政官曼里意识到了什么，他冲到悬崖边，看见一个个往上攀爬的高卢人，其中有好几个已经爬到了悬崖顶。曼里立马命令士兵对高卢人展开进攻，士兵们一边斩断攀附着高卢人的藤蔓，一边将刚爬上悬崖顶的高卢人推下去。

这次战役，罗马军大获全胜。

卡庇托林山冈上怎么会有白鹅呢？原来，这座山冈上有一座神庙，罗马人将活的白鹅供奉给神庙中的女神，白鹅就长期被放养在了山冈上。不过，山冈上没有什么食物，白鹅一直都很饥饿，而饥饿令它们更容易受惊。所以，哪怕高卢人攀爬山崖的声响再小，也还是惊扰到了它们。

山冈下的高卢人见不仅偷袭失败，自己的军队还伤亡惨重，便不再发动攻击，继续采用围困罗马人的战略。然而，高卢人围困了大半年，也没能让罗马人投降。最终，耐心耗尽的高卢人主动放弃了围困。

就这样，高卢人离开了卡庇托林山冈，退出了罗马城。他们和罗马人进行谈判，获得了丰厚的利益。这场战争也在谈判中落下帷幕。

罗马人认为，是白鹅拯救了罗马城和罗马人。为了感谢白鹅，每逢隆重的节日，他们都会用花环和彩带装饰它们，以此表达对白鹅的喜爱和感激之情。

法西斯笞棒

对古罗马人来说，公元前6世纪后半叶是一个黑暗且残酷的时代，因为领导他们的是一位独裁专制、性格多疑的统治者。这位统治者就是塔克文。为了巩固自己的统治，他制定了许多残酷的刑法，用来对付自己不喜欢的人。

塔克文的上位经历并不光彩。他原本是古罗马统治者塞维·图里乌的女婿，但他极有野心，密谋杀死了老塞维，成为新的统治者。塔克文上位后，除了将反对他的人赶尽杀绝外，他还奢侈成性，为自己修建了富丽堂皇的宫殿。罗马百姓在他的统治下，怨声载道，苦不堪言。

塔克文的尽情挥霍，令国库快速见底。为了获得财富，他以莫须有的罪名处死了罗马最富有的一个贵族，只留下贵族老爷年纪最小的儿子的性命，而这个尚不知事的孩子名叫鲁奇。之后，塔克文霸占了贵族老爷家的财富。

鲁奇长大后，在得知塔克文是杀死父亲和其他亲人的凶手后，他决定报仇。为了能靠近塔克文，并使他放下警惕，鲁奇决定装疯卖傻。鲁奇的演技很成功，令塔克文深信不疑，因此忽略了他。

塔克文的儿子和他的父亲一样，是一个没有是非观的人。他常常倚仗自己的权势，做一些伤天害理的事。有一回，他当街侮辱了一位美丽的妇人，而这名妇人的身份极其尊贵，她出身于罗马顶级贵族。塔克文儿子的所作所为引起了她的愤怒，继而对塔克文的统治无比痛恨。在她的号召下，人们迅速组建起一支武装力量。

与此同时，鲁奇见时机已经成熟，便不再装疯卖傻，连同反抗塔克文的人一起推翻了塔克文的统治。人们在将塔克文一家驱逐出罗马后，推举功劳最大的鲁奇成了罗马的新首领。之后，罗马成立了人民大会。

人民大会宣布，罗马未来不会再有个人专制统治，而是由两名执政官一同统治。执政官没有工薪，却拥有崇高的荣誉。执政官拥有12名近身侍卫，这些侍卫的肩上荷着一根笞棒，笞棒中间插着一柄斧头，这象征了执政官的最高权力。这根笞棒被称为"法西斯"。

虽然罗马不再由国王统治，但执政官享有至高无上的权力，掌管着军队和政法。当然，执政官也存在一些限制，如两名执政官相互制衡；执政一年后，又恢复普通公民的身份；人民有权罢免执政官；等等。这完全能够避免执政官的独裁专政。当时，作为新首领的鲁奇，成了罗马的首任执政官之一。

话说回来，塔克文离开罗马后，依然对权势念念不忘，并密谋夺回权力。他联合那些被触犯了利益的贵族，企图发动叛乱。但很快，他的计划就破灭了。他与那些参与叛乱的贵族都被抓了起来。

这一次，罗马人民不愿再放过塔克文。作为执政官的鲁奇在审判塔克文的大会上，庄严肃穆地宣布用法西斯笞棒处以塔克文和参与叛乱的贵族们死刑。12名侍卫官从笞棒中抽出锋利的斧头，挥向塔克文等人的脖子。

古代的坦克——战象

坦克是一种杀伤力极强的战斗车辆，最早出现在第一次世界大战中。在古代战争史上，其实也出现过一种类似坦克的"武器"，它就是战象。

战象，即受过战斗训练的大象。在古时的东南亚，各国都会训练一支由战象组成的象兵部队。这些大象的背上驾着一个象舆，舆的中间坐着将领，舆的前后各有一名驭象手。当作战的号角吹响时，驭象手会驱逐大象前行。战象冲锋陷阵，攻无不破，在战场上有着极强的杀伤力。

有些国家为了令战象发挥更强大的战斗力，会对象兵部队进行编排，配置多名持刀和盾牌的护卫。每个拥有象兵部队的国家，在当时都战无不胜。

希腊人远征东南亚时，看到战象的威力后，也萌生了组建象兵部队的念头。在与印度孔雀王朝的战争中，他们获得了数百头战象。这些战象在希腊此后的战争中发挥了重要作用，尤其是在与罗马人的战争中。

公元前280年，希腊北部伊庇鲁斯王国与罗马发生了大战。伊庇鲁斯国王皮洛斯将获得的战象投入战争。

皮洛斯是一个极有军事才能的国王，他对战象进行战略部署，让4个手持尖锐兵器的士兵站在象背上，这大大提升了战象冲锋时的威力。此外，在与罗马的战争中，他还部署了数万名重装兵、骑手和射箭手。

这一次战争在赫拉克列城展开。罗马作为强国，本能轻松地应对希腊军队的攻击。就在罗马军即将进行猛烈反击时，变故横生。只听皮洛斯一声令下，一支训练有素的象兵部队朝着罗马军冲了过去。

罗马军第一次见到庞大的战象，队伍很快乱作一团。战象所到之处，罗马士兵不是被踩踏而亡，就是被象背上的希腊士兵刺死。片刻工夫，战势就被扭转过来，希腊大获全胜，罗马溃不成军。这一次战争，令罗马军队死伤惨重。

希腊与罗马的战争并没有结束，因为皮洛斯对罗马展开了第二次进攻。这一次战役是在奥斯库伦城开响。

罗马人见识过战象的威力后，不再贸然迎战，他们发明了一种装着炭火的战车。罗马人坚信所有动物都本能地畏惧火，大象也不例外。此外，他们还选择了一个利于己方作战的地方。不过，战争开始不久后，皮洛斯就察觉到了罗马人的意图，设计将罗马军队逼迫到一片平原上。

这次战役持续了多日，最终希腊获胜。在此次战役上，罗马军的炭火车令敌方的战象受到惊吓，变得更加凶残暴躁，踩死了数千名罗马士兵。此外，罗马的执政官也在这次战役中战亡了。不过，希腊的损伤也不小，数千名士兵战死，皮洛斯也受了伤。

因为罗马执政官的死亡，罗马人与希腊人之间的仇恨变得更深了。公元前257年，罗马和希腊在贝尼温敦城附近展开了最后一次大战。

罗马人发现战象怕火，就研制出了一种带着火焰的箭。战争的号角吹响后，罗马士兵朝象兵部队射出带着火焰的箭。战象受惊后，立马乱作一团，尽管驭象手拼命试图控制大象，也没有什么用。因为害怕火箭，战象转身冲进皮洛斯的军队，无数的希腊军死在象掌之下。在这次战争中，罗马军大胜，希腊军一败涂地。

在古时的战场上，战象虽然威力巨大，但一旦失去控制，不仅不能成为助力，还会给己方带来惨重的损失。

格斗运动——角斗

角斗是一种古老的格斗运动，在古罗马时期尤为盛行。

在古罗马时期，角斗并不是一项运动，而是一种野蛮的娱乐活动。它最早始于意大利西北部，是当时的殡葬仪式的一部分。

当时，罗马人坚信，人的鲜血可以使亡灵得到安息。因此，在殡葬仪式上，罗马人常常会杀死一些奴隶、战俘或牲畜，用他们的鲜血来祭奠亡灵。公元前264年，罗马的一个贵族老爷去世了，他的儿子按照习俗，用奴隶的鲜血来祭奠他。不过，这个贵族家有许多奴隶，究竟要杀哪个呢？贵族老爷的儿子让奴隶展开角斗，输的人就得死。这是有关角斗的最早记载。

渐渐地，罗马人将角斗当成了一种娱乐。经过两个多世纪的发展，角斗规模越来越大，角斗项目越来越多，罗马甚至还建立了规模巨大的角斗场和角斗学校。不过，参与角斗的都是战俘、奴隶和死囚。

到了恺撒统治时期，他将角斗发展成人与兽的格斗。据记载，恺撒组建了一支骑兵，专门与战象进行角斗。因为角斗士身份低下，死后只能被抛尸荒野，所以很多角斗士宁愿自杀，也不愿参与角斗。角斗士们也因此对罗马人怀恨在心。

公元前73年，以斯巴达克斯为首的罗马奴隶会聚在一起，发动了起义。随着西罗马帝国的灭亡，作为娱乐项目的角斗逐渐销声匿迹。后来，角斗演变成一种体育竞技比赛。

古罗马斗兽场

在今意大利威尼斯广场的南面，有一片规模巨大的古罗马遗址，它便是罗马斗兽场。当时，古罗马帝国的贵族、奴隶主和普通自由民众，就坐在斗兽场的石椅上，观看奴隶角斗或斗兽。

据记载，罗马斗兽场始建于公元72年，是当时的皇帝韦斯巴芗为了讨好将军和士兵而建的，直到皇帝的儿子提图斯即位数年才建好。这座斗兽场是古罗马帝国的标志性建筑物之一。

罗马斗兽场是椭圆形建筑，高160英尺（约48米），半径达280英尺（约85米），由红砖和巨石砌成。斗兽场的中间有一片巨大的圆形空地，那就是奴隶角斗的地方。圆形空地的四周是观众席，其中有的是皇帝与贵族的包厢，有的是一排排露天的石砌座位。观众席约有60排，可容纳9万多名观众。这些座位并不是随意就可坐的，最下面第一排供行政长官、元老和祭司等高官使用，第二排供贵族使用，第三排供富人使用，其余才供普通民众使用。

为了方便观众进出，斗兽场建有80个小拱门，以供观众快速地找到自己的座位。不过，真正的大门只有4个，其中2个供观众进出，另外2个供角斗士进出。角斗士进出的两道门，又有"生死门"之称。

当时，角斗是一项残酷的娱乐活动，参与角斗的野兽往往凶猛嗜血，并且它们在角斗前会被饿上3天。它们有时与其他野兽角斗，

▲ 古罗马斗兽场

有时与奴隶或俘虏角斗。每次角斗，参与决斗的人或动物都会鲜血淋漓，场面惨不忍睹。不是角斗士被野兽撕咬啃食，就是角斗士与野兽两败俱伤。直到以斯巴达克斯为首的奴隶发动起义，罗马斗兽场才被停用。

罗马帝国奠基者——恺撒大帝

盖乌斯·尤利乌斯·恺撒是罗马共和国的军事统帅，也是罗马帝国的奠基者，史称"恺撒大帝"。恺撒大帝的一生，除了有着显赫的战绩外，他与埃及艳后克利奥帕特拉七世之间的一段香艳往事也为后人津津乐道。

恺撒出身于罗马的贵族家庭，他的父亲是大官，母亲是罗马执政官的女儿。恺撒从小就被送进贵族学校学习，他特别喜欢古希腊文化，也极有才华，十几岁时就发表了作品。同时，他也酷爱体育运动，练就了强健的体魄。

因为从小就在贵族门庭长大，恺撒对权力有着异于常人的渴望。为了成为执政官，他努力学习知识、练习演讲，成了当时最有影响力的人物之一。为了获得更高的声誉，他控告罗马总督贪污腐败。这种毫无畏惧的举动使他受到了广大民众的支持，在政坛上平步青云。

最终，恺撒当上了执政官。但是，他仍不满足，因为处处都受到元老与贵族的限制。为了压制元老院，他秘密联系了当时罗马的另外两位统帅，即庞培和克拉苏。三人聚集在一起，商量压制元老院的计谋。恺撒为了巩固与庞培和克拉苏的关系，将自己的女儿嫁给庞培，与克拉苏也极尽交好。

后来，恺撒在执政官任期届满以后，被授予总督一职。刚一上

▲ 恺撒大帝雕像

任，他就发动了高卢战争。这场战争持续了9年，最终恺撒获胜。战役的胜利，令远在罗马的庞培和元老院感到了威胁，元老院趁机拉拢庞培。与此同时，恺撒嫁给庞培的女儿意外去世。得知这些消息后，恺撒异常愤怒，率军返回罗马，与庞培开战，夺取了权力，成为罗马的独裁者。至于庞培，他带着自己的军队逃到埃及。

当时的埃及由克利奥帕特拉七世和其弟弟托勒密十三世共同执政。不过，姐弟俩相处得并不融洽，谁都想夺取唯一的统治权。后来，托勒密十三世将克利奥帕特拉七世赶出埃及，她徘徊在埃及与叙利亚的边境，集结了一支军队，准备夺回埃及王位。

与此同时，在庞培逃到埃及后，恺撒立马率军讨伐庞培。托勒密十三世为了拉拢、讨好恺撒，以获得恺撒的支持来对付姐姐克利奥帕特拉七世，他命令手下杀死了庞培，并将庞培的头颅献给了恺撒。但他的举动并没有获得恺撒的好感。

克利奥帕特拉七世得到弟弟讨好恺撒的消息后，也将主意打到了恺撒的身上，希望借助恺撒的力量助她夺回埃及王位。在打听到恺撒的营地后，她命令下属装扮成商人，并将自己裹进一条毛毯里。当商人带着毛毯见到恺撒后，她从毯子里滚了出来。

恺撒见到克利奥帕特拉七世后，立马被她的美艳打动了。他扶持克利奥帕特拉七世重新坐上埃及王位。后来，恺撒征服了埃及，但却没有将埃及划入罗马的领土。恺撒和克利奥帕特拉七世开始一起生活，并生育了一个儿子。

庞培死后，他的旧部在小亚细亚一带发动了叛乱。恺撒得到消息后，仅仅用了5天时间就平定了叛乱，并将庞培的旧部一网打尽。这场战役充分展现出恺撒的军事才能。恺撒回到罗马后，被人民大会和元老院授予了极高的荣誉。恺撒也邀请克利奥帕特拉七世和他们的儿子前来罗马。

恺撒对克利奥帕特拉七世极其宠爱，不仅让她住在自己的府邸，还为她在罗马建造了一座祭祀先祖的神庙，并在神庙里为克利奥帕特拉七世建造了一尊黄金雕像。就当克利奥帕特拉七世认为自己将要成为罗马的第一夫人时，恺撒遇刺身亡了。

原来，随着恺撒的权力越来越大，他开始明目张胆地对罗马实施独裁统治。这无疑触犯了元老院和贵族们的利益。因此，元老院秘密策划了刺杀恺撒的计划。

公元前44年3月15日，恺撒应邀来到元老院。在来之前，恺撒已经得知了元老院要暗杀自己的消息，但他觉得元老们只是一群乌合之众，根本不会对他造成威胁，所以他连自己的侍卫队都没有带。

会议上，恺撒百无聊赖地听着元老们的汇报。这时，一个年轻人走到恺撒的身边，说了一句很平常的话。恺撒不知道的是，这个动作就是暗杀行动开始的暗号。所以，在他还没有反应过来时，刺客们蜂拥而上，刺了他几十刀。

恺撒在不可置信的心情中闭上了眼睛，属于恺撒大帝的一生就此结束。

罗马帝国第一元首——奥古斯都

　　盖乌斯·屋大维是罗马帝国的第一位元首，也是元首政制的创始人，统治罗马40余年。他因为军功、政绩显赫，被罗马元老院授予了"奥古斯都"的称号，意为神圣伟大的人。那么，屋大维的一生有何伟大之处呢？

　　屋大维出身于罗马贵族家庭，父亲曾是总督，母亲是恺撒大帝的外甥女。后来，恺撒领养了屋大维，并指定他成为自己的第一继承人。

　　屋大维从小就接受严格的教育，在学习上认真努力，是学识渊博的人。长大后，他被任命为恺撒的骑兵队长，跟随恺撒讨伐庞培，立下过很多大功。后来，他被恺撒送去阿波罗尼亚，接受军事技术教育。

　　在屋大维学习期间，一个噩耗传来，恺撒被刺杀了。身为恺撒的指定继承人，18岁的屋大维挺身而出，回到了形势严峻的罗马。他的勇敢与果断

▲ 奥古斯都雕像

也赢得了恺撒旧部的支持。此外，许多罗马民众受到过恺撒的恩惠，他们不遗余力地支持屋大维继任。

当时，罗马的军政大权被刺杀恺撒的元老院握在手中。屋大维联系恺撒的心腹大将安东尼，想让他帮助自己夺回大权。但安东尼已经是罗马的执政官了，并且也野心勃勃。屋大维意识到安东尼是自己夺权路上的威胁后，他又把目光转向元老院。在穆提娜和波伦西亚战役中打败了安东尼后，他在军中和罗马人民心中有了极高的威望，便要求元老院推选他为执政官。

屋大维在被选为执政官后，开始对刺杀恺撒的人展开报复。刺杀者中的两人逃去了叙利亚和马其顿，并迅速征募了近10万士兵，准备进攻罗马。面对敌军，屋大维意识到，他必须放下与安东尼之间的芥蒂，联手对付敌军。

屋大维和安东尼达成和解，并与恺撒的旧部雷必达结合成一股不小的势力。这时候，雷必达已经向屋大维投诚。

3股势力集结在一起，迅速肃清了刺杀恺撒的凶手。之后，屋大维返回罗马，而安东尼则前往埃及。

值得一提的是，安东尼来到埃及后，也拜倒在美丽迷人的埃及女王克利奥帕特拉七世的石榴裙下。在此之前，克利奥帕特拉七世曾和屋大维的养父恺撒结婚，恺撒死后，她回到了埃及。安东尼和克利奥帕特拉七世相爱后，他们还生下了一对子女。

安东尼对克利奥帕特拉七世极其宠爱，还将罗马的利比亚、腓尼基、阿美尼亚等行省送给她和他们的子女。他的行为激怒了罗马人，也损害了罗马贵族的利益。屋大维见罗马人民对安东尼极其不满，便煽动元老院和人民大会剥夺安东尼的权力，同时出兵埃及，讨伐安东尼和埃及女王克利奥帕特拉七世。

屋大维是个执行力很强的人，他一路朝埃及攻去，最后与安东尼和埃及女王的舰队对战于希腊西北部的大海之上。

这场战役持续了很久，双方势均力敌。在战斗最激烈时，变故横生，埃及女王突然向自己的舰队下达命令，撤离战场，逃回埃及。安东尼失去助力后，战斗力大大降低，数艘舰队瞬间被击毁。无奈之下，安东尼只能丢弃舰队，独自逃离。被他丢下的舰队，没坚持多久就被屋大维的舰队消灭了。

就这样，屋大维的军队一直攻打到埃及首都。安东尼见屋大维兵临城下，知道自己大势已去，最终选择拔剑自刎。至于埃及女王，她原本想要诱惑屋大维，然而计划还没有展开，便被一条毒蛇咬死了。至于毒蛇是怎么来的，有人说是女王的婢女将它放入女王的屋子里的，也有人说是屋大维所为。事实真相究竟是什么，已经无从得知。

屋大维攻破埃及回到罗马后，受到罗马民众的热情欢迎。街头上，人们向他抛去鲜花，赞美他是伟大的英雄。在他的领导下，罗马领土扩张了数倍，成为当时最庞大的帝国之一，此后数百年都是地中海地区的霸主。

公元前27年，罗马人民要求元老院授予屋大维无上的荣耀，元老院便授予了屋大维"奥古斯都"这一称号。此外，他还被授予"罗马元首""元帅"等称号，掌管着整个罗马。

屋大维除了军功显赫外，他的政绩也很出色。譬如，他整顿了罗马不好的社会风气，提倡婚姻要和谐、家庭要和睦，鼓励人民生育，反对铺张浪费与奢侈，致力于罗马文化、艺术的发展等。

公元14年，屋大维去世了。他辉煌的一生为罗马的繁荣与昌盛做出了巨大的贡献。

图拉真纪功柱

在意大利首都罗马的奎利那尔山下有一座广场,名为图拉真广场。广场上竖立着许多大柱子,因为这些柱子是罗马帝国的皇帝图拉真为纪念战争胜利而建的,所以它们被命名为"图拉真纪功柱"。

图拉真是罗马帝国安敦尼王朝的第二任皇帝,在位期间,进行了数次扩张,立下了许多战功,使得罗马帝国的版图在他的统治下达到了最大。虽然图拉真英勇机智,但他的虚荣心很强,每吞并一

▲ 图拉真纪功柱

个地区，都会在罗马城内大兴土木，如广场、庙宇、藏书库等。在取得达契亚战争的胜利后，图拉真回到罗马，建造了以自己的名字命名的图拉真纪功柱。

图拉真纪功柱是由大理石材料建成的圆形柱子，高约27米，底座采用古希腊经典的爱奥尼亚柱式风格，柱头采用古希腊多立克柱式风格。在柱子的顶端，有一座图拉真的青铜雕像。但在16世纪，教皇下令将其替换成了圣彼得的雕像。

图拉真纪功柱的柱身环绕着长达200米的浮雕，足足有23圈。从柱子下端往上，浮雕越来越宽。如果站在柱子下往上看，会给人一种浮雕宽度一致的视觉效果。浮雕记录的全都是图拉真征服达契亚的画面，如图拉真带着军队跋山涉水，图拉真英勇杀敌，图拉真为了战事夜不能寐，图拉真获得了胜利……

图拉真纪功柱上的浮雕所刻画的场景是真实的吗？其实不然，很多是夸大或杜撰出来的。因为图拉真是一个好大喜功的皇帝，雕刻浮雕的艺术家为了迎合他，便对一些史实进行了篡改或杜撰。不过，浮雕中的人物、战争形势、民族特征、武器装备等都是真实的。这为后世留下了珍贵的研究资料，也是其最大的价值所在。

胜利者的建筑

浪漫主义诗人爱伦·坡在参观完古罗马的遗址后，忍不住赞叹"宏伟即罗马"。可见，罗马的建筑技艺和文化多么令人惊叹。罗马有着许多闻名世界的建筑，如巍峨壮丽的万神庙、为庆祝胜利而建的凯旋门等。

万神庙始建于公元前27年，是罗马最古老的建筑之一，位于意大利罗马圆形广场的北部，是古罗马人膜拜众神的场所。但其修建的最初目的，是纪念屋大维打败安东尼和埃及艳后。

万神庙是在罗马总督马尔库斯·维普撒尼乌斯·阿格里帕的主持下修建的。公元80年，它曾遭到烧毁，后又被重建，如今已经成为意大利的名人灵堂。

万神庙整体呈圆形，在圆柱之上采用穹顶覆盖的集中式形制。据测量，万神庙的穹顶直径和顶端高度都是43.3米，在顶端有一个直径为8.9米的圆洞。罗马人认为，穹顶直通神的世界，神可以通过圆洞降临人间。穹顶采用的建筑材料是混凝土和砖，穹顶内壁整齐地排列着一个个方形的凹陷图案。再往下，神庙的柱身上整齐地排列着三角形或方形的神龛和祭祀台。

此外，万神庙还有一个高大雄伟的门廊，门廊也极具典型的罗马建筑风格。当人们置身于万神庙的穹顶之下时，会感受到一股强烈的神圣感和宗教感。

说起凯旋门，人们会立马想到法国的凯旋门。事实上，除了法国拥有凯旋门外，罗马、非洲、亚洲等地都有这样的建筑。凯旋门其实泛指一类建筑，最早为罗马人所建造。

凯旋门，顾名思义，它是为了庆祝战争胜利而建造的。当时的罗马皇帝为了提升自己的威望，震慑被征服的国家，便在这些国家建造了这样的拱门形状的建筑。

意大利罗马有数座凯旋门，其中最有名、规模最大的当属君士坦丁凯旋门。这座凯旋门是为了纪念君士坦丁大帝打败马克森提皇帝，并统一了罗马帝国而建造的。君士坦丁凯旋门用砖砌成，再用石块进行装饰，而石块之上尽是美轮美奂的浮雕。凯旋门的门顶之上，有一块石碑，石碑上记载了君士坦丁大帝的丰功伟绩。

许多罗马建筑经历数千年的风吹雨打和战火硝烟后，变得破败不堪，但凯旋门依旧保存完好。它们像是在守卫罗马皇帝的荣光，昭示着罗马曾经的繁荣与辉煌。

◀ 万神庙

第六辑

中世纪的十字架

马上贵族——骑士

骑士制度起源于约8世纪加洛林王朝的法兰克王国，并盛行于11—14世纪。骑士一般出身于欧洲贵族家庭，从小受到良好的教育和严格的训练。他们会到国王或大领主身边做侍从，并向女主人学习礼仪，直到21岁时，才被正式授予骑士称号。

骑士的册封仪式非常隆重。少年们先会在教堂接受神父的洗礼，以洗去过去的错误和不端行为，然后在神坛前祈祷和思考自己的职责。第二天，少年会回到城堡，迎接他的是父母、领主、百姓，以及其他的众多骑士。

一位年长的、有威望的骑士会帮助少年穿上盔甲，佩带宝剑。少年则单膝跪地，接受领主的封赐。仪式结束后，少年才成为真正的骑士，可以使用武器并参加战斗。

为了显示自己的勇敢和无畏，年轻的骑士会参加马上比武，获胜者能够获得奖赏和荣誉称号。骑士们全副武装，拿着长矛和佩剑，骑上高大的战马，冲锋向前。观众席上，衣着华丽的贵族为自己所支持的骑士喝彩助威。马上比武与其说是一种娱乐活动，不如说是一种实战演习。骑士不仅有机会赢得荣誉，还可以增加实战经验。

之后，骑士会为国王、大领主战斗，驰骋沙场，成为最受人尊敬的马上贵族。如果他们立下战功，国王或大领主会赐给他们财物、封地。骑士阶层身份高贵，享有特权。在中世纪，欧洲涌现出了很多英勇的骑士人物，如罗兰、亚瑟王、兰斯洛特和黑太子爱德华等。他们的英雄事迹被记入史册，代代相传。

为了赢得荣誉和显示自己的英勇，骑士之间会进行比武和战斗。战斗有单人的，也有集体的。很多小规模的战斗会有几百名骑士参加，或是进行马上比武，或是进行实战。

战斗必须遵循骑士规则。比如，必须等对方准备好才能发起攻击，不能突然进攻，更不能偷袭；不能置对方于死地，必须"点到为止"；俘虏对方之后，必须善待对方，将其视为上宾。

对于真正的骑士来说，偷袭和侮辱对方都是违背骑士规则的，是卑鄙无耻的行为。

一个优秀的骑士必须有一匹高大勇猛的战马，还必须有武器，包括佩剑、盾牌、长矛、战斧、狼牙棒等。战斗时，骑士策马前进，先用长矛刺向敌方。若长矛被敌人折断，或是骑士不幸坠马，他们才会使用佩剑等其他武器，并用盾牌保护自己。骑士的盾牌是特制的，用皮革包裹，边缘镶有金属。盾牌上装饰有龙、虎、鹰、熊或狮子等图案，这些图案叫"盾形纹章"。对于骑士来说，它具有非常重要的意义。

除了战马和武器之外，骑士身边一般还会有侍从、随行女士，以及几匹供女士骑的马和运载武器、装备的马。

由于骑士制度的盛行，中世纪的欧洲也出现了大量反映骑士生活的文学作品，即骑士文学。这些作品以抒情诗和叙事诗为主，歌颂骑士追求爱情、勇敢作战、建功立业等事迹。骑士文学对欧洲后来的诗歌和小说的形成产生了巨大的影响。

16世纪初期，火器在欧洲逐渐兴起，这促使雇佣军成了重要的军事力量，骑士阶层逐渐走向衰亡。但是骑士精神和骑士制度对西方世界产生了深远的影响。

西亚的宗教战争

1095年11月27日，教皇乌尔班二世乘坐一辆金碧辉煌的大马车，在一队教士和200多名手执长矛的卫兵的簇拥下，来到了法国。他站在3米高的台上，身后竖立着高大的十字架，表情严肃地看着台下的教徒。这些教徒包括各地的教士、领主、骑士和平民，他们注视着教皇，等待着教皇的教诲。

只见教皇威严地站立着，手里拿着《圣经》，开始用洪亮的声音向教众喊话。他痛斥东方的伊斯兰教徒是异教徒，占领了耶稣的圣地耶路撒冷，并且正在残忍地迫害东正教的教徒。他号召人们去战斗，消灭这些罪恶的异教徒，消灭这些"恶棍"和"魔鬼"。

教皇高声地呼喊："圣地被占领，这是何等的奇耻大辱啊！主正在召唤我们，教民们，去战斗吧！去解放圣地吧！"

听着教皇的号召，台下教众情绪激昂，异常愤怒，高喊着"解放圣地！消灭异教徒！"呼喊声在空旷的原野上回响着，响彻云霄。

紧接着，教皇让人们安静下来，继续说："东方是神秘、富饶的地方，那里遍地是黄金，有数不尽的牛羊和珍宝。难道你们不想拥有它们吗？教民们，去战斗吧！去夺取财富吧！主会保佑你们战无不胜的！"

就这样，在教皇的领导下，教民们开始了杀戮之旅。被仇恨和财富冲昏头脑的领主、骑士、平民欢呼着，呐喊着，纷纷加入队伍。

封建领主渴望扩大自己的领土，骑士梦想着建功立业，而普通百姓则希望获得财富。参与掠夺的队伍迅速壮大，很快就遍及整个西欧。

1095—1291 年，教民们共出动了 9 次，整个过程持续了将近200 年。直到 1291 年天主教教民队伍攻克阿卡城——耶路撒冷王国灭亡。

西方教民的掠夺让教皇、教会、领主和骑士获得了巨额财富，占领了面积辽阔的土地。然而，它却给地中海东岸的人民带来了巨大的灾难，也给西欧国家和人民带来了巨大的损失和伤亡。在征战过程中，无数百姓战死、冻死、饿死、病死，很多人流落异国他乡，被变卖为奴隶。可以说，这是一场人类浩劫，是一场由教会制造的惨剧。

为了谋取财富，教皇和封建领主哄骗、煽动百姓参军，甚至连儿童都不放过。1212 年，3 万多名儿童组成一支"童子军"。这些儿童多数是贫苦人家的孩子，最小的还不到 12 岁。他们在法国马赛集合，后通过木船渡海东征，结果途中遇到大风暴，很多人葬身海底。一些孩子尽管活了下来，却被运到印度变卖为奴隶。

在德国，封建领主也组建了由 2 万名儿童组成的"童子军"。这些儿童历经艰苦翻越了阿尔卑斯山，好不容易来到意大利。很多儿童在路上被冻死、饿死，最后只剩下几千人，却又被变卖为奴。一场所谓的"东征"对于这些贫苦儿童来说就是一场灾难。

欧洲历史上的王冠

　　早在远古时代，高耸的头饰就被赋予了至高无上的含义。在玛雅文明和古埃及文明中，人们发现那些地位崇高的人都戴着高高的头饰，以彰显自己权力和地位的至高无上、神圣和不可侵犯。慢慢地，这种头饰演变成了王冠，被视为王权的象征。

　　人们目前发现的最早的王冠是埃及王的王冠，距今已有5000多年的历史。不过，我们所熟知的头盔形王冠和环箍形王冠并非起源于埃及，而是起源于波斯帝国和古罗马帝国。古罗马帝国的皇帝戴着一种镶有白蓝色带的环箍，简单却挺拔、刚毅，象征着皇帝的威严。

　　后来，王冠的外形越来越复杂、华丽。制造者会在上面镶嵌珍贵的宝石，环箍也慢慢地演变成了帽子的形状。王冠是帝王的象征，很多帝王会把它传给继位者，这代表着王位的传承，英国国王的王冠便是如此。英国国王圣爱德华命人打造了一顶精美、华丽的王冠，虽然他死后把它当作陪葬品一起埋葬了，可是亨利三世登基时却把它挖了出来，并且传给了自己的后代。直到英国爆发资产阶级革命，国王统治被推翻，王冠才被销毁。

　　13—14世纪，头盔形王冠逐渐被抛弃，环箍形王冠再次"受宠"。考古学家发现了很多这一时期的环箍形王冠，其中最著名的就是"伦巴第铁冠"。它非常奇特，据说环箍是由一颗钉死耶稣的铁钉打造而成的。现在，它被收藏在意大利米兰的蒙扎大教堂，每年都有无数虔诚的耶稣信徒前去朝拜。

之后，头盔形王冠和环箍形王冠交相盛行，各领风骚数百年。它们虽然风格不一，但外形都越来越华丽，做工都越来越精细。

随着封建王朝先后被摧毁，资产阶级登上历史舞台，象征封建王权的王冠逐渐退出了历史舞台。

212

英王称号的历史沿革

想要了解英国、英国历史乃至西欧历史文化，我们必须先了解英国国王称号的演变。因为英国国王称号不仅象征着王权天授，还显示了国王管辖和统治的疆域范围的变化。

1066年，英国国王爱德华去世，但他并未指定国王继承人。于是，法国封建领主诺曼底公爵趁机发动进攻，占领英国并成为国王，称号是"蒙上帝恩赐的英格兰国王，诺曼底公爵"，自封"威廉一世"。

12世纪左右，亨利二世在英国建立金雀花王朝，成为英国国王，称号是"蒙上帝恩赐的英格兰国王，爱尔兰领主，诺曼底和阿奎丹公爵、安茹伯爵"。这代表英国的领土得到了扩张，爱尔兰也在英国控制之下。

1327年，爱德华三世即位，成为英国国王。之后，法国国王查理四世去世，他的外甥爱德华三世继承王位，兼任法国国王。于是，爱德华三世的称号变为了"蒙上帝恩赐的英格兰和法兰西国王，爱尔兰领主爱德华三世"。

16世纪上半叶，英国进行了大规模的宗教改革和清教运动，国王成为宗教和信仰的保护者。同时，英国占领和征服了爱尔兰，统治疆域大大增加。那时的国王亨利八世的称号是"蒙上帝恩赐的英格兰、法兰西和爱尔兰国王，信仰的保护者"。

1603年，英国女王伊丽莎白一世去世。她终身未嫁，没有后裔，只能指定远房亲戚苏格兰国王詹姆士为继承人。之后，詹姆士建立斯图亚特王朝，真正地实现了英国的统一。

1625年，查理一世成为英国国王，称号为"蒙上帝恩赐的大不列颠、法兰西和爱尔兰国王，信仰的保护者"。后来，英国资产阶级革命爆发，资产阶级推翻了查理一世的统治，取缔了封建君主制。但是，查理二世很快卷土重来，实现了封建王朝的复辟。为了巩固统治，查理二世承认法国的独立，将称号改为"蒙上帝恩赐的大不列颠、爱尔兰国王，信仰的保护者"。

事实上，虽然英国国王之前拥有"法兰西国王"的头衔，但法国人根本不承认他的统治，他只是自欺欺人而已。这一次，英国国王去掉这一头衔，显然是为了争取法国的支持。

乔治三世在位时，英国统一了爱尔兰各邦，他的称号为"蒙上帝恩赐的大不列颠及爱尔兰联合王国国王，信仰的保护者"，英国加强了对爱尔兰的统治。

19世纪早期，英国积极进行海外扩张和殖民统治，占领了印度。于是，英国国王又自封为"印度国王"。20世纪初，维多利亚女王去世，爱德华七世继承王位，彼时英国在全世界占领了大片殖民地，爱德华七世的称号为"蒙上帝恩赐的大不列颠及爱尔兰联合王国和所有大不列颠海外自治领的国王，信仰的保护者，印度皇帝"。这是英国国王最响亮的称号，也代表着英国实力达到了最辉煌的时刻。英国成了当时世界上最强大的国家，疆域遍及每一块大陆，被誉为"日不落帝国"。

然而，"日不落帝国"的辉煌很快便消失了。随着"一战"的爆发，英国的海外自治领纷纷独立。为此，英国国王不得不取消"海外自治领的国王"称号，成立英联邦。"二战"后，随着印度和巴基斯坦的独立，英国国王"印度皇帝"的称号也失去了。之后，爱尔兰爆发了轰轰烈烈的独立运动，爱尔兰南部宣布独立，英国国王称号变为了"大不列颠及北爱尔兰联合王国国王"。直到今天，英国国王依旧沿用这个称号。

英国从古至今都实行君主世袭制，只有王室成员可以继承王位。不过，英国并没有王位"传男不传女"的传统，只要是王室后代，无论是男女，都可继承王位。

如果国王有儿也有女，继承权男优先于女，长优先于幼；如果国王没有男嗣，那么女儿也可以继承王位；如果国王没有子嗣，则可以选择近亲的子女作为继承人。

英国历史上一共有5位女王，第一位是玛丽一世，1553—1558年在位，只做了6年国王；玛丽去世后，伊丽莎白一世继位，1558—1603年在位，是英国最伟大的女王；之后是玛丽二世、安妮女王；最后一位是伊丽莎白二世，1952年继位，是英国在位时间最长的女王，至今仍在位。

马可·波罗的《马可·波罗游记》

马可·波罗是意大利著名的旅行家，曾经跟随父亲、叔叔千里迢迢来过中国。回到意大利后，他根据自己的经历和见闻写了《马可·波罗游记》一书。书中描绘了中国都城及其他城市的宏伟壮观、繁华昌盛，如便利的驿道交通，热闹繁华的集市，以及人们富裕丰足的生活等。

在书中，马可·波罗把中国描绘成了东方最富有的国家，这激起了西方人对中国和东方的向往，促进了东西方文化的交流，也促进了新航路的开辟。另外，书中详细地描绘了东方的地理状况，为之后世界地图的绘制提供了详尽的资料。

1271年，马可·波罗从意大利出发，历经4年，穿越中东地区，终于来到了元大都（今北京）。他在中国游历了17年，先后到过北京、杭州、苏州等城市，还受到过元朝皇帝忽必烈的重用，被授予官职。

1292年春天，忽必烈任命马可·波罗和他的父亲、

▲ 马可·波罗雕像

叔叔为使者，护送蒙古公主到波斯和亲。思念故乡的三人便趁机请求回国，忽必烈同意了他们的请求。年末，他们终于回到家乡，见到了阔别20余年的亲人。

马可·波罗从中国带回了大量的奇珍异宝、绫罗绸缎和特产，这引起了人们的极大兴趣。整个威尼斯的人都前来拜访他，询问他在中国的见闻和经历。一时间，马可·波罗成了威尼斯乃至全意大利的名人。

1298年，马可·波罗参加了威尼斯与热那亚的战争，不幸被俘，被关进监狱。狱中，他遇到作家鲁思梯谦，两人合作完成了《马可·波罗游记》。之后，这本书在欧洲广泛流传。

新航路开拓者——达·伽马

14—15世纪，西欧经济发展迅速，工商业和对外贸易也蓬勃发展，封建主、商人梦想着创造更多的财富。

此时，《马可·波罗游记》在欧洲广泛传播，刺激了西方人对东方财富的向往和渴望。然而，东西方之间的陆路交通被阿拉伯人所控制，西欧人根本无法通过陆路到达东方。于是，他们开始了海上冒险，希望能开辟通往东方的新的贸易之路。

葡萄牙是第一个开始海上冒险的国家。瓦斯科·达·伽马则是葡萄牙早期著名的航海家、冒险家，他绕过好望角，开辟了欧洲到印度的新航路。

1497年7月，达·伽马奉葡萄牙国王之命，率领4艘船、170多名水手从里斯本南部的海港出发，开始了海上探险之路。之前，迪亚士已经发现了非洲南端的好望角，这为达·伽马的航行提供了便利。他绕过好望角，经过长时间的航行，终于到达了印度洋。

1498年4月，达·伽马来到非洲东岸的肯尼亚马林迪，遇到了一位经验丰富的阿拉伯领航员。在他的带领下，达·伽马顺利横越印度洋，终于来到印度洋西岸的港口科泽科德。

达·伽马一上岸，就被这里的繁荣富饶深深吸引。这里有数不尽的宝石、香料、丝绸，当地人也非常热情，对达·伽马等人没有敌意。达·伽马非常高兴，他用非常低廉的价格和当地人交易宝石、香料以及土特产。

之后，达·伽马在科泽科德进行标注，以宣示葡萄牙对这里的占领。他们想要抢占这里的财富和资源，这引起了原本在这里活动的阿拉伯商人的敌视。阿拉伯人阻止达·伽马与印度人交易，并且挑拨两者的关系。无奈之下，达·伽马只能选择离开，返回葡萄牙。

因为缺少向导的指引，返航时，达·伽马经历了无数危险和困难。暴风雨差点冲散他们的船队，摧毁他们的船只。更不幸的是，船员们还感染了坏死病，很多人病倒或病死了。1499 年 9 月，达·伽马终于回到了里斯本，此时船员只剩下不到一半。

达·伽马探险的成功，让葡萄牙国王非常高兴，封他为贵族，并且给予了他很多赏赐。一时间，他成了葡萄牙最富有的人，声誉和地位一下子大大提高。跟随达·伽马的船员也都获得了很多封赏。

▲ 达·伽马雕像

这更刺激了人们对财富的追求，纷纷踏上海外探险之路，掀起了一股海外探险和掠夺的热潮。

1502年2月，达·伽马开始第二次航行，目的是建立葡萄牙在印度洋的霸权。他带领23艘大船、数百名船员，浩浩荡荡地向印度进发。一路上，他们抢占财物，烧毁原住民的房屋，屠杀原住民，还劫掠过路的商船。到达科泽科德之后，他们赶走了阿拉伯人，把那里变成了葡萄牙的殖民地，耀武扬威，肆意掠夺。1503年9月，达·伽马带着掠夺来的无数金银财宝回到了葡萄牙，成为全国最有地位、最富有的贵族。

1524年9月，达·伽马被任命为葡萄牙驻印度总督。此时，他已经年老体衰，到印度不久后便因病去世了。

达·伽马是一位伟大的航海家、探险家，开辟了东西方的新航线，促进了东西方贸易发展和文化交流。同时，他也是一位残暴的殖民者，肆意掠夺和屠杀，给印度人民带来了无尽的灾难。

第七辑

文学：心灵的历史

222

文艺复兴之父——彼特拉克

弗兰齐斯科·彼特拉克是意大利著名的诗人、学者。他是文艺复兴时期第一个人文主义者，有着"文艺复兴之父""人文主义之父"的美誉。彼特拉克擅长写抒情诗，以此闻名于世，并获得了"诗圣"的尊称。人们将他与但丁、薄伽丘并称为"文坛三杰"。

14世纪的意大利佛罗伦萨十分繁荣，手工业发达，文化气息浓郁，但政治斗争也十分激烈。彼特拉克的父亲是一位法学工作者，也是白党成员，他维护着新兴资产阶级的利益，与代表封建贵族利益的黑党做斗争。最终，白党被黑党镇压，身为白党成员的老彼特拉克则被流放到了阿雷佐。

阿雷佐位于意大利中部，距离佛罗伦萨并不远，彼特拉克就是在这里出生的。孩童时期，彼特拉克又随父亲流亡到法国，居住在法国南部的一座小城。当时，这座小城由教皇统治，文化气息浓郁，极具浪漫情怀。这段时期对彼特拉克的创作风格产生了重大的影响。

彼特拉克从小就喜欢文学，尤其是古典作品。每每读到中意的作品，他都会陷入忘我的境界，幻想自己也能成为文豪。不过，他的父亲希望他能够子承父业，从事与法学相关的工作。之后，彼特拉克听从了父亲的话，前往法国的蒙特波利大学和意大利的波伦那大学学习法律。

对彼特拉克来说，法律是枯燥无味的，他根本提不起一丝兴趣去阅读法律书籍。父亲去世之后，他放弃了学习法律，把精力重新投入文学世界，开始进行文学创作。回到阿雷佐后，他加入教廷，成为一名教士。

彼特拉克逐渐成长为一名十分有才华的青年。1327年，是彼特拉克人生中特别的一年。这一年，在一所教堂里，他认识了一位美丽的女人劳拉，并对她一见钟情。可惜的是，彼时劳拉已经是别人的妻子。尽管如此，他还是对她念念不忘，一往情深了很多年。

在之后的几十年，彼特拉克跟随教廷前往各地举办一些宗教活动。闲暇之余，他会游览当地的名山大川，寻访古迹。在美丽山河的陶冶下，他情不自禁地开始了诗文创作，写下许多文学著作，如《歌集》《阿非利加》《意大利颂》等。

其中，《阿非利加》是彼特拉克花了4年时间写成的叙事史诗。全文用拉丁文写成，主要讲述第二次布匿战争的情况，并歌颂了罗马大将西庇阿的伟大功绩。这本史诗令他在当时的诗坛声名大噪，被加冕了诗人桂冠。

《歌集》是彼特拉克用意大利文写成的抒情诗集，其中共有366首诗，绝大多数采用14行诗的形式。这本诗集为欧洲抒情诗歌的发展开辟了道路。

此后，彼特拉克四处旅行，收集了大量的希腊、罗马古籍，经过研究后，他阐述了自己的理解。他将自己的文学思想和艺术思想称为"人文"或"人文学"。

Francesco Petrarca.

▲ 彼特拉克画像

因此，他被后人称为"人文主义之父"。

之后，彼特拉克经历了政局动荡、意中人劳拉的死亡等事情。在这段时期，他的作品充满了哀伤之情。直到结识了他十分崇拜的人文主义作家薄伽丘，他才走出颓废，并与其一同致力于宣扬人文主义。

晚年，彼特拉克来到一个名叫阿克瓦的小村庄，并在这里定居直到生命的尽头，享年70岁。他死后不久，文艺复兴运动便蓬勃兴起。

但丁与《神曲》

但丁·阿利吉耶里是意大利中世纪诗人，是欧洲文艺复兴运动的开拓者，有着"至高诗人"的美誉，是"文坛三杰"之一。他的长诗作品《神曲》至今仍闻名于世。

但丁出生在佛罗伦萨的一个贵族家庭，但他的家庭并不富裕。当时，教皇和皇帝斗争激烈，政坛出现了两个党派，即支持教皇的圭尔弗党和支持皇帝的吉柏林党。后来，圭尔弗党代表了新兴资产阶级，被称为"白党"，而吉柏林党代表了封建贵族，则被称为"黑党"。但丁的家族加入了圭尔弗党的阵营，但地位并不高。对幼年的但丁来说，这并没有多大影响。

但丁从小就喜欢文学，在学校里学习了拉丁文、逻辑学和修辞学的基础知识后，又跟随当时的大学者学习更深层次的修辞学。后来，他又自学了拉丁诗人的作品，品读抒情诗集。这些学习经历令他在青年时期就学识渊博。

但丁的第一部文学作品是《新生》，里面的诗描写的是他对贝雅特丽齐的爱。但丁和贝雅特

Dante Alighieri.

▲ 但丁画像

丽齐从小就相识。贝雅特丽齐的美丽纯真深深地吸引着但丁，令但丁对她一往情深。但他还没来得及表达自己的爱意，一场变故就令他和贝雅特丽齐分离了，直到9年后才重逢。这时候的贝雅特丽齐出落得更加美丽，令但丁爱得不能自拔。可惜的是，他在父亲的安排下，已经结了婚。于是，但丁用另一种形式表达了自己对贝雅特丽齐的爱——为她写了大量的诗篇。这些诗篇最后集结成了《新生》一书。

与此同时，但丁步入了政坛，官职为执政官。但在白党与黑党的斗争中，但丁受到波及，最后被流放。在流放期间，他赏遍祖国的壮丽山河，见识到各地的风土人情，体验到不同的生活，这对他的思想和文学创作产生了新的启迪，并最终助力他写下旷世神作《神曲》。

《神曲》分为三部曲，即《地狱》《炼狱》和《天堂》。这部作品讲述的是但丁自己在复活节的后几天经历的一次神奇之旅——他崇拜的古罗马诗人维吉尔和他深爱着的贝雅特丽齐领着他在地狱、炼狱和天堂旅行。

《神曲》情节很简单，但内容繁杂，通篇包含无数隐喻。为了读懂《神曲》，后人还专门成立研读机构，足见这部巨著的复杂程度。

此外，但丁还著有《飨宴》《伦俗语》《帝制论》等作品，每部作品都不得不令世人惊叹他的文学造诣之高。

1321年9月14日，在完成《神曲》没多久，他就因疟疾而去世了。这位欧洲乃至全世界的伟大诗人的一生由此落幕。

薄伽丘与《十日谈》

意大利文艺复兴时期诞生了"文坛三杰",除了彼特拉克、但丁外,还有一位就是薄伽丘。乔万尼·薄伽丘是人文主义作家,他的代表作是《十日谈》。这部作品是欧洲文学史上第一部现实主义文学巨著,被视为"文艺复兴的宣言"。

薄伽丘的童年生活非常凄惨。他是一个私生子,父亲是佛罗伦萨的一位商人。在母亲去世后,他跟随父亲来到佛罗伦萨。没多久,父亲再婚。后母对他极为冷酷,父亲也非常严厉。

青年时期,薄伽丘被父亲送往那不勒斯学习经商,但他对经商完全不感兴趣,所以什么都没有学会。后来,父亲又让他学习法律和宗教法规,他依然兴味索然。他从小就喜欢文学,便自学起文学。他的这段生活,也被融入他的作品《十日谈》中。

在那不勒斯生活期间,薄伽丘结交了许多好友。这些好友身份各异,有人文主义诗人、学者、神学家,甚至是贵族。在这期间,他爱上了一个名叫玛利亚的女人。这段爱情对他的文学创作产生了很大的影响,后来他作品中的女性角色很多都以玛利亚为原型。

后来,薄伽丘的父亲破产,他失去了经济来源,不得不回到佛罗伦萨。他参与了佛罗伦萨的政治斗争,结识了大诗人彼特拉克。在这期间,薄伽丘一边研究古典文学,一边进行创作。

薄伽丘是一位多产的作家,一生写下许多作品,如传奇小说《菲

228

▲ 薄伽丘雕像

洛柯洛》、叙事长诗《菲洛斯特拉托》、牧歌式传奇《亚美托的女神们》、长诗《爱情的幻影》，以及现实主义短篇小说集《十日谈》等。其中，《十日谈》是他最重要、最著名的作品。

《十日谈》讲述的是，1384年，意大利佛罗伦萨遭遇了一场大瘟疫，10名男女来到一个小乡村避难，居住在村中的一栋别墅里。他们在这栋别墅里过得很惬意，不过每个人每天都需要讲一个故事。10个年轻人在那儿住了10天，一共讲了100个故事。

《十日谈》中的每则故事都很贴近当时的社会现状，有的批判了宗教的守旧思想，有的鞭挞了贵族的腐败和堕落，有的主张"幸福在人间"，将人文主义思想体现得淋漓尽致。

晚年时期，薄伽丘致力于研究但丁的著作《神曲》。1375年12月21日，他离开了人世。在他去世后，被他讽刺、抨击的教会不仅大规模地销毁他的《十日谈》，还毁坏了他的墓碑。但是，不管教会如何破坏，都无法破坏薄伽丘及其作品在人们心中留下的光辉印象。

塞万提斯和《堂吉诃德》

米格尔·德·塞万提斯·萨维德拉是文艺复兴时期西班牙著名的小说家、剧作家和诗人。他的小说《堂吉诃德》是西方文学史上第一部现代小说，是当之无愧的世界文学瑰宝。

塞万提斯出生于西班牙的阿尔卡拉城，后来随着父母迁居到西班牙首都马德里，并在一所人文主义者开办的学校就读。其间，他发表了多首诗歌，在文坛上崭露头角。离开学校后，他加入军队，开始了军旅生活。

塞万提斯参与了奥斯曼土耳其帝国发起的勒班陀战役，这场战役致使他的左手残疾。不过，他没有离开军队，而是继续参战，跟随军队走过了很多地方。在乘船返回西班牙时，他不幸被非洲某个部落的海盗抓住，成了俘虏，并被送到阿尔及利亚。

在这期间，塞万提斯多次向西班牙政府写信求助，同时也进行着短剧和喜剧的创作。后来，他的家佣花费一大笔钱将他赎回。这段成为俘虏的经历，日后被他写进了他的小说《堂吉诃德》。

塞万提斯回到西班牙后，邂逅了自己的爱情，并走进婚姻殿堂。此后，他专心写作，先后出版了《加拉特亚》《阿尔及尔生涯》《努曼西亚》等作品。后来，塞万提斯被任命为皇家军需官，负责为军队采购，不过没几年，就因账目不清而被关进监狱。出狱后，他创作了一些诗歌，也创作了《堂吉诃德》的上卷。

▲ 塞万提斯画像

《堂吉诃德》上卷出版没多久，塞万提斯又被卷入了一场官司，但事实澄清后得以获释。之后的数年，他又出版了《惩恶扬善故事集》《八部喜剧及八部幕间短剧集》，以及《堂吉诃德》的下卷等作品。

1616 年 4 月 23 日，塞万提斯在马德里逝世。

在塞万提斯的所有作品里，最经典的当属《堂吉诃德》这本小说。故事中的男主角名叫阿隆索·吉哈诺，他非常沉迷骑士小说，但骑士这个阶级早成为历史了。不过，这并不妨碍阿隆索·吉哈诺幻想自己是个中世纪的骑士。为了令自己更像骑士，他自封为"堂吉诃德·德·拉曼恰"，并让邻居扮演自己的仆人，以邻村女孩作为自己的梦中情人。之后，他开始了行侠仗义之旅。不过，他的旅程并不顺利，他的思想和行为太过匪夷所思，因此遭受到很多困难，其中包括身陷囹圄。

在小说的结尾，阿隆索·吉哈诺从幻想中苏醒过来，并为自己荒唐的过去感到后悔。回到家乡后没多久，他就去世了。

《堂吉诃德》这本小说的文字幽默有趣，初看时会觉得它是一部喜剧，但细细品读就会发现它其实是悲剧。小说中的男主角的经历，其实是塞万提斯人生的真实写照。他为梦想而奋斗时，遭到的却是命运的摧残和愚弄。

莎士比亚与《哈姆雷特》

威廉·莎士比亚是英国著名的戏剧家、作家，是欧洲文艺复兴时期人文主义文学的集大成者，人们尊称他为"莎翁"。他的戏剧闻名于世，被翻译成多国语言，至今还被人们所推崇。

莎士比亚出生在英国斯特拉特福的一个富裕家庭，父亲是一名杂货商。在他7岁时，父亲将他送到当地的一所文法学校学习，他在那里度过了6年时光。在这期间，他学习认真、勤奋，不仅掌握了写作的基本技巧，还学会了拉丁语、希腊语，积累了丰富的知识。

莎士比亚并没有完成学业，因为他的父亲因经营不善而破产，而他不得不辍学去谋生。他在肉店当过学徒，在乡村当过教师，还经营过商铺……这些经历丰富了他的社会阅历。在这期间，他迷上了戏剧表演，并对其进行了深入了解。

后来，莎士比亚与安妮·海瑟薇结婚，并生下了孩子。因为写了一首讽刺一位官员的打油诗，在对方的势力压迫下，他不得不离开斯特拉特福，独自前往伦敦。当时的伦敦，戏剧已经十分盛行，莎士比亚进入了一家剧院工作。剧院里的各个岗位他都干过，如马夫、杂役、演员、导演、编剧，最后还成了剧院的合伙人。

1588年，莎士比亚开始接触戏剧创作。最初，他仅对前人的剧本进行改编，后来才开始创作自己的剧本。他创作的每一部剧都受到了观众的喜爱，剧团在他的带领下，也一步步声名大振，进入上流社会，时常为国王和贵族们表演。

　　莎士比亚创作了很多戏剧，早期的戏剧有《亨利六世》《亨利四世》等。其中，《亨利六世》是他创作的第一部剧本。这部戏剧上演后，他迅速成名。他创作的四大喜剧和四大悲剧也脍炙人口，四大喜剧为《威尼斯商人》《仲夏夜之梦》《皆大欢喜》和《第十二夜》，四大悲剧为《奥赛罗》《哈姆雷特》《李尔王》以及《麦克白》。

　　此外，莎士比亚还创作了许多另类喜剧，如《特洛伊罗斯和克瑞西达》《终成眷属》等。这些戏剧的特点是：看起来是喜剧，但又处处透露着悲凉之感，令人读过之后心情沉重，故事情节在脑海中挥之不去。莎士比亚在晚年也创作了不少剧本，如《辛白林》《冬天的故事》等。

　　莎士比亚在伦敦住了20多年，在生命的最后，他回到家乡斯特拉特福小城。1616年4月23日，在他52岁生日那天，莎士比亚逝世了。

　　《哈姆雷特》是莎士比亚的四大悲剧之一，也是莎士比亚所有戏剧中篇幅最长的一部。这部戏剧在西方乃至整个世界文坛的地位都极高，意义非凡。

　　《哈姆雷特》中的人物性格复杂，这部作品具有非常深刻的悲剧意义。神奇的是，每个读者读完《哈姆雷特》后，都会有不同的看法。正如莎士比亚自己所说："一千个读者就有一千个哈姆雷特。"

　　《哈姆雷特》中的主人公名叫哈姆雷特，戏剧以其名字命名，故事也围绕着他展开。

　　哈姆雷特是丹麦的王子，在德国威登堡大学读书时，他突然接到父亲的死讯。在他回国后，他的叔叔克劳狄斯和母亲乔特鲁德表现得很伤心，但令哈姆雷特难以接受的是，他的叔叔和母亲在他父亲去世的一个月后宣布结婚，并快速举办了婚礼。

与此同时，老国王的鬼魂难以安息，每到夜晚就在城堡中游荡。哈姆雷特通过国王鬼魂的启示，得知父亲是被叔叔害死的，因此他决定要为父亲报仇。在复仇中，哈姆雷特误杀了自己的爱人奥菲利亚的父亲。奥菲利亚无法接受这个事实，选择了自杀。这时，哈姆雷特的叔叔也准备好了毒酒，想要毒死哈姆雷特。

▲ 莎士比亚画像

奥菲利亚的哥哥雷欧提斯得知妹妹和父亲的死讯后，提出要与哈姆雷特决斗，并在剑上涂上剧毒。在决斗时，哈姆雷特的母亲乔特鲁德不小心喝下了克劳狄斯准备的毒酒，中毒死去。哈姆雷特和雷欧提斯也都中了毒剑上的剧毒。

哈姆雷特知道自己快要死了，他凭着最后一口气杀死了叔叔克劳狄斯。在生命的最后一刻，他让好友霍拉旭将自己的故事告诉后人。

在《哈姆雷特》中，哈姆雷特在复仇过程中有过无数次的犹豫。他的犹豫非常符合文艺复兴时期人们的心理，即在现实和理想之间的各种犹豫。

在莎士比亚的戏剧中，《哈姆雷特》不是最精彩的，但却是最震撼人心的。时至今日，人们还在探讨这部戏剧的主题，追寻其真正的意义。

弥尔顿与《失乐园》

约翰·弥尔顿是英国著名的诗人、政治家和民主斗士，也是英国文学史上最伟大的六大诗人之一。他的史诗巨著《失乐园》与荷马的《荷马史诗》、但丁的《神曲》并称为"西方三大诗歌"。

弥尔顿出生在英国一个富裕的家庭，父亲喜欢音乐和书籍。弥尔顿受父亲的影响，也喜欢听音乐和看书，以至于在10岁时就能写出一些不错的诗歌。12岁之前，弥尔顿都在家跟随私人教师学习；12岁时，他进入伦敦一所男子学校念书；15岁时，他进入剑桥大学学习。

▲ 弥尔顿画像

完成学业后，弥尔顿陷入迷茫，他不知道自己该从事什么职业。经过很长一段时间的思考，他决定成为一名诗人。为了能静下心写出优秀的诗歌，他前往自己家的乡村庄园居住。在此后的几年，他写下了大量的短篇诗歌，如《快乐的人》《沉思的人》《科马斯》等。

在乡村庄园居住了几年后，弥尔顿就厌倦了这样的生活，十分渴望外面精彩的世界，于是开始长途旅行，在法国、瑞士、意大利等地都留下了足迹。在意大利，他听闻英国即将发生内战，便立马返回英国，站在保王党的对立面，并参与了一系列反对保王党的运动。最终，保王党胜利了，弥尔顿则被抓进监狱。不过，国王后来又放了他，原因一是欣赏他的才华，二是弥尔顿因为过度用眼而失明，对国王来说没有了威胁。

弥尔顿出狱之后，一心一意地创作诗歌。他花了7年时间写成《失乐园》，之后又创作了《复乐园》。1674年11月8日，他离开了人世。

《失乐园》取材于《圣经·旧约·创世纪》，共有12卷，讲述的是叛逆之神撒旦因为挑衅上帝的权威被打入地狱。撒旦为了报复，化身为蛇，进入伊甸园。在伊甸园，上帝禁止亚当吃善恶树上的果子，但亚当和夏娃没有经受住蛇的诱惑，偷吃了禁果。最后，亚当和夏娃被逐出伊甸园，前往人间开启新的生活。

《失乐园》通过《圣经》中的经典故事，讲述了世间万物都存在矛盾和两面性的道理，揭示了人的原罪和堕落。

莫里哀与他的喜剧人生

　　莫里哀是法国著名的喜剧作家、演员和戏剧活动家。他是法国芭蕾舞喜剧的创始人，是古典主义喜剧的奠基者，在欧洲戏剧史上有着举足轻重的地位。虽然莫里哀一生都在与喜剧打交道，但现实中，他的人生却是以悲剧的形式落幕的。

　　莫里哀其实是艺名，他的原名为让·巴蒂斯特·波克兰。莫里哀出身于法国贵族家庭，从小接受贵族教育。勤奋好学的他积累了丰富的知识，这为他以后的戏剧创作打下了基础。莫里哀痴迷于戏剧，他放弃了家族世袭的权力，全身心投到戏剧事业中，并建立了属于自己的剧团。

　　成功的路上总是充满障碍。莫里哀的剧团经营得并不好，很快就入不敷出，他也因负债累累而被指控入狱。出狱后，他的家人劝他放弃戏剧，但他拒绝了，并开始了长达10多年的流浪生涯。在流浪的岁月里，他去过很多地方，看过太多的悲欢离合，这些经历也为他之后创作戏剧提供了丰富

▲ 莫里哀画像

的题材。后来，莫里哀回到法国，之后便一直在巴黎进行戏剧创作和演出。

在谈论莫里哀的作品之前，应当了解一下他所处时代的背景。当时，文艺复兴运动正在如火如荼地开展着，新兴资产阶级崛起，封建统治日渐受到削弱。莫里哀厌恶封建统治，同情、欣赏劳动人民。所以，他大部分作品的主旨都是嘲讽剥削阶级，如奢侈成性的贵族、坑蒙拐骗的僧侣、道貌岸然的学者、一毛不拔的地主等。因此，他的作品获得了广大民众的喜爱。

莫里哀一生创作了近30部喜剧，如《可笑的女才子》《太太学堂》《伪君子》《吝啬鬼》《无病呻吟》等。其中，《无病呻吟》是他最知名的代表作之一，并且由他自己担任主角。这部戏剧讲述的是一个没病装病的骗子医生的故事，剧本中的医生没有生病，但扮演医生的莫里哀却真的生病了。他在舞台上剧烈地咳嗽着，没人看出他是真的难受，众人还为他"逼真的"演技而喝彩。在观众热烈的掌声中，莫里哀突然倒在舞台上，生命就这样走到了尽头。

歌德——魏玛的古典主义代表

约翰·沃尔夫冈·冯·歌德是德国的思想家、作家和科学家，是世界文学史上最伟大的作家之一，也是魏玛的古典主义最著名的代表。

1749 年 8 月 28 日，歌德在美茵河畔的法兰克福降生。歌德的家庭很富裕，他从小就接受了良好的教育。

歌德的父亲是一位严父，母亲却是慈母。每当歌德在学业上受到父亲的严厉批评时，母亲都会安慰他受伤的心灵，会将他抱在膝头，给他讲各种有趣的故事，引导他爱上学习。

歌德的母亲是一位很有学识的人，语言表达很有感染力。正是在母亲的熏陶下，歌德喜欢上了文学和创作。每当歌德完成一篇作品，他的母亲都会细细品读，给予他好的建议。这令歌德能快速发现自己在写作上的不足，并对此加以改进。

少年时期的歌德除了写诗外，也非常喜欢戏剧。为了了解戏剧，他频频出入法国的各个剧院。在莱比锡学习法学期间，他邂逅了自己的爱情，并以洛可可风格的诗歌歌颂了这段爱情，这些诗歌被收入他的诗集《安内特》。在此期间，他在常常光顾的一家餐厅里，听到了有关浮士德的故事，这为他日后写下戏剧《浮士德》奠定了基础。

离开莱比锡后，歌德回到了法兰克福，并走上政坛。他很有才华，因此在政途上平步青云，官职越来越大。不过，在政途的上升期，他突然选择离职，这是因为他被自然科学所吸引，有了新的奋斗目标。

之后，歌德一边探索自然科学，一边进行文学创作，陆续完成了《在陶里斯的伊菲格尼亚》《哀格蒙特》《塔索》《意大利游记》以及《浮士德》等作品。其中，《浮士德》是他最知名的一部作品，投入的写作时间也最长。

《浮士德》以西方民间传说为题材，以文艺复兴时期的欧洲社会为背景，讲述了一个新兴资产阶级的先进知识分子，因不满现实而探索人生意义、追寻理想生活的故事。这部作品将现实主义和理想主义完美地结合在一起，令人读后意犹未尽。

1832年3月22日，歌德因病去世，但他的文学作品却从此流传于后世。

▶ 歌德雕像

拜伦——忧郁的浪漫主义诗人

乔治·戈登·拜伦是英国伟大的浪漫主义诗人，他在作品中塑造了一批"拜伦式英雄"，这在欧洲广大人民群众中引起了广泛的共鸣。值得一提的是，拜伦除了是一位诗人外，他还是一名革命家，是一位为理想而战斗了一生的勇士。

拜伦出生在英国伦敦的一个没落贵族家庭，日子过得十分窘困。拜伦从小就是个性格忧郁的人。造成他忧郁性格的原因有两个：一是父亲在他很小的时候就去世了，母亲因此变得性格暴躁、喜怒无常；二是拜伦天生跛足，这令他经常受到其他孩子的嘲笑，以及他人的异样眼光。长此以往，拜伦变得忧郁而悲观。

拜伦10岁时继承了家族的爵位和产业，他和母亲的生活也因此得到改善，他被送去一所极有名望的学校读书。拜伦以优异的成绩毕业后，又进入剑桥大学学习。他并不是一个刻苦的学生，学习之余，他用很多时间和精力写诗。

从剑桥大学毕业后，拜伦曾担任议员，后又游历各国。在看到各国人民反侵略、反压迫的斗争后，他先后创作了《恰尔

▲ 拜伦画像

德·哈洛尔德游记》《唐璜》等作品，作品中尽显英雄主义色彩，他也逐步形成了独有的"拜伦式英雄"写作风格。与此同时，拜伦也加入了革命斗争，参加了希腊民族的解放运动，成为领导人之一。之后，拜伦又陆续创作了叙事诗《锡隆的囚徒》、悲剧《曼弗雷德》、长篇诗歌《青铜世纪》等。

在拜伦的所有作品中，《唐璜》最为著名。这部作品中的许多故事情节与拜伦的人生经历极为相似。《唐璜》的主人公是一名名叫唐璜的西班牙青年，他善良而正直，离开家乡后，开始了漫长的流浪生涯。在流浪的岁月里，他有着许多浪漫奇遇，最后成了一名大英雄。通过这部作品，拜伦既讽刺了当时的宗教，又抨击了欧洲的封建反动势力。

1824年，拜伦因病卧床不起，同年4月19日离开人间。希腊人对他的逝世感到悲痛万分，为他举行了国葬。

湖畔派诗人

18世纪末，英国文坛萌生出了一个新的流派，即以浪漫主义诗歌为核心的湖畔派。湖畔派有着许多著名的浪漫主义诗人，他们时常会聚在英国西北部的昆布兰湖区，故而被称为"湖畔派诗人"。

湖畔派有三大诗人，分别是华兹华斯、柯勒律治以及骚赛。他们在昆布兰湖区的格拉斯米尔湖畔和温德米尔湖畔居住了多年，写过许多赞美湖光山色的诗歌，以诗歌中的自然景物来寄托心中的理想。

华兹华斯有着"自然的诗人"的美誉，被授予"桂冠诗人"的称号。他的代表作有《水仙花》《丁登寺旁》《序曲》《她住在人迹罕至的地方》等。他的诗歌在歌颂自然风光的同时，又表达出大自然有着安慰人躁动灵魂的奇特能力。

柯勒律治虽然也是浪漫派诗人，但他的诗歌更偏向幻想浪漫，代表作有《古舟子咏》。这是一首音乐叙事诗，用简洁的结构和朴素的语言讲述了一个有关犯罪与赎罪的故事。

骚赛同样是一名"桂冠诗人"，他的浪漫主义偏向于消极，他开创了无韵律、不规则诗的先河，代表作有《审判的幻景》《布伦海姆之战》《不再与死人为伍》等。

湖畔派诗人促进了英国诗歌的发展，在西方文学史上掀起了一股浪漫主义诗歌的浪潮。

雨果与他的《悲惨世界》

维多克·雨果是法国著名的浪漫主义作家，有着"法兰西的莎士比亚"的美誉。他是一名多产作家，作品体裁涵盖诗歌、小说、剧本、散文、文艺及政治评论等，作品中最著名、影响力最广的是《悲惨世界》。

1802年2月26日，雨果出生在法国贝桑松的一个军官家庭。他从小就喜欢文学，阅读了大量的文学著作。知识的积累，使他在中学时代就能进行文学创作。他的首部长篇小说是《汉·伊斯兰特》。这部小说获得了小说家诺蒂埃的赏识，二人因此结识。诺蒂埃是极具浪漫主义情怀的作家，他的思想感染了雨果，使他的写作开始转向浪漫主义。

雨果早期的诗歌大多歌颂保王主义和宗教，如《颂歌集》《颂诗与长歌》等。随着法国境内自由主义思潮的高涨，雨果的政治态度发生了骤变，作品也倾向于抨击伪古典主义，如戏剧《克伦威尔》。

真正令雨果初露锋芒的不是诗歌，而是他的长篇小说《巴黎圣母院》。这部小说是雨果所有作品中浪漫主义色彩最浓的一部，描写的是善良的吉卜赛少女艾丝美拉达在中世纪封建专制下受到摧残和迫害的故事，雨果用主人公的悲惨遭遇揭露了封建专制的残酷与黑暗。之后，雨果又陆续出版了《秋叶集》《黄昏之歌》《光与影》和《心声集》4部诗集。

雨果一生中最伟大的作品当属长篇小说《悲惨世界》，每个人读完这部小说，都会忍不住潸然泪下。

《悲惨世界》分为5部：《芳汀》《柯赛特》《马吕斯》《卜吕梅街的儿女情和圣德尼街的英雄血》《冉·阿让》。这部小说描写了主人公冉·阿让作为苦刑犯的悲惨一生，其中融入了法国的历史、革命、战争、法律、哲学等内容，是一部能引人深思的作品。

1885年5月22日，雨果在巴黎离开人世，法国人民为他举行了国葬。

▶ 雨果雕像

司汤达——与政治同行的作家

司汤达是19世纪法国著名的批判现实主义作家，有着"现代小说之父"之称。他也是一位与政治同行的作家，他的代表作大多与政治有关。

1783年1月23日，司汤达在法国格勒诺布尔的一个资产阶级家庭降生。司汤达是他的笔名，本名是亨利·贝尔。

司汤达的母亲在他很小的时候就过世了，他的父亲是一个思想保守的律师。父亲对司汤达的管教非常严格，这令司汤达感到无比压抑。少年时期的司汤达酷爱数学，他的数学教师除了教授他数学知识外，也时常给他讲述法国大革命的历史，传授唯心主义思想。这些经历对他往后的写作风格产生了极大的影响。

司汤达中学毕业后，原本想继续深造，但当时法国革命进行得如火如荼，他顺势加入拿破仑领导的军队，参加了著名的马伦哥战役，并在战役中立下很多大功，当上了少尉。后来，他辞去军衔，来到米兰定居，专心写作。

1814年，波旁王朝复辟，拿破仑被赶下台。司汤达回到法国后，一直致力于反封建运动，但始终没有作为。因为郁郁不得志，所以他只好将自己的政治理念寄托于作品中。

在米兰居住期间，司汤达创作了《罗马、那不勒斯和佛罗伦萨》《海顿、莫扎特和梅斯塔齐奥传》等作品，回到法国后，又创作了小说《阿尔芒斯》。不过，这些作品并没有引起人们的关注，直到他最伟大的作品《红与黑》面世后，他才在文学领域大获成功。

《红与黑》是一部长篇小说，从主人公身上可以看到司汤达对革命的热情和对理想的追求。这本书揭露了官场的黑暗，可能使读者产生推翻腐败政权的想法，因此被很多国家列为禁书。值得一提的是，小说中的许多故事情节都真实地发生在司汤达的身边。

在《红与黑》之后，司汤达又陆续出版了《红与白》《巴马修道院》《亨利·勃吕拉传》等作品。

1842年3月23日，司汤达在巴黎街头因突发脑出血而亡。他的墓碑上写着这样一句墓志铭："活过、爱过、写过。"这句话是他一生的真实写照。

文学史上的拿破仑——巴尔扎克

　　法国文学史上诞生了许多杰出的作家，奥诺雷·德·巴尔扎克就是其中一位。巴尔扎克被称为"现代法国小说之父"，有着"文学史上的拿破仑"的美誉。

　　巴尔扎克出生在法国一个富裕的家庭里，不过他的童年并不幸福。正如他自己所说的那样，他的童年是可怕的，是任何人都不曾遭受过的。因为他出生时，父母的感情就破裂了，他被寄养在外。他既没有得到父母的爱，寄养家庭也没有给予他家的温暖。

　　长大后，巴尔扎克的父母希望他学习法律。他遵从父母的意愿，考入了一所不错的大学学习法律。大学毕业后，父母又希望他从事与法律相关的职业，这一次巴尔扎克选择了拒绝。因为他热爱文学，并立志要当一名文学家。

　　为了向父母证明自己的文学天赋，巴尔扎克花了大约一年的时间创作了

▲ 巴尔扎克纪念像

自己的处女作诗剧《克伦威尔》。不过，这部作品并没有获得好的反响。他没有放弃，之后以不同的笔名发表各种流行小说，但这令他难以维持生计。

巴尔扎克意识到，想要成为一名文学家，必须有足够的物质保障。所以，他暂时放下手中的笔，从事出版印刷业，但收入也不理想。但他在社会上摸爬滚打的经历，都成了日后写作的素材。之后，母亲帮他偿还了他经商时欠下的债务，他也回到家中，重新投入文学创作。

巴尔扎克在书房放置了一座手拿利剑的拿破仑雕像，并在剑上刻下了一句激励自己的话："他用剑没有完成的事业，我要用笔完成。"之后，巴尔扎克创作了长篇历史小说《朱安党人》，这部作品令他初露峥嵘。真正令他声名大噪的作品，是他历时多年写成的长篇小说《人间喜剧》。

《人间喜剧》并不是一个单一的故事，它由众多小故事构成。这些小故事既是独立的，相互之间又有联系，这些故事可以分为3大类，即风俗研究、哲理研究和分析研究。因为涉及内容广，科普知识多，它又被誉为"资本主义社会的百科全书"。

在写《人间喜剧》期间，巴尔扎克也创作了一些别的优秀作品，如《驴皮记》《高老头》等。他因为长期辛劳写作，刚年过半百，身体就开始走下坡路。在写完《人间喜剧》第91个故事后，他便离开了人世。

狄更斯的文学世界

查尔斯·狄更斯是英国著名的作家，他创作了许多脍炙人口的作品。这些作品弘扬了时代精神，对时代发展影响深远，在当时的文坛上引起了极大的反响。

在英国南部，有一座美丽的海港城市——朴次茅斯。1812年2月7日，狄更斯在这里降生。狄更斯的父亲在英国海军任职，虽然狄更斯家中兄弟姐妹众多，但一家人早期的生活还算是富足。

在狄更斯12岁那年，父亲因为债务被捕入狱，他们家瞬间变得窘困。年幼的狄更斯不得不外出谋生，在一家鞋油作坊当起童工。这时候，他的母亲和哥哥姐姐也受父亲债务的影响，被捕入狱。这段时期，可以说是狄更斯人生中最艰辛的时期。

后来，狄更斯的家人出狱，他离开了鞋油作坊，进入一所学校学习。然而没多久，他就因家中债务被迫辍学。之后，他去了律师事务所当学徒，后又进入法院工作。狄更斯的舅舅那时在主持《议会镜报》的编辑工作，在他的帮助下，狄更斯进入报社成

Charles Dickens.

▲ 狄更斯画像

为一名记者，从此开启了他的写作生涯。

狄更斯虽然没有上过多少学，但他时刻不忘自学，阅读了大量书籍，此外，在社会上摸爬滚打的经历令他获得了很多经验。所以，他写出来的作品能够吸引人们的眼球。后来，他不再写新闻报道，而是开始了小说创作。

自1836年起，狄更斯陆续创作了《博兹特写集》《老古玩店》《圣诞故事集》《双城记》《大卫·科波菲尔》《我们共同的朋友》等作品。如果说《博兹特写集》令他成名的话，那么《双城记》则令他封神。

《双城记》是一部长篇小说，其中的"双城"，指的是巴黎和伦敦。这篇小说讲述的是在曼马内特医生和德发日夫妇身上发生的故事。它以法国大革命为背景，描写了法国大革命爆发的原因和过程，令人们能深刻地认识到法国大革命的本质。

1870年6月9日，狄更斯因脑出血去世。他的墓碑上写道："他的去世令全世界失去了一位伟大的英国作家。"

现代俄国文学的奠基人——普希金

亚历山大·谢尔盖耶维奇·普希金是俄国著名的诗人、小说家，有着"俄国文学之父""俄国诗歌的太阳""青铜骑士"等美誉。他是俄国文学的开创者，是现代标准俄语的创始人，也是俄国浪漫主义文学的杰出代表。他在文学上的造诣，以及对俄国文坛的贡献，足以令他获得这些殊荣。

普希金于1799年6月6日出生在莫斯科的一个贵族家庭，从小接受了良好的教育。普希金会走上文坛，与家中的保姆有着密不可分的关系。在普希金小的时候，农奴出身的保姆经常给他讲俄国的民间故事和传说，这令他对故事里的世界充满向往，文学创作的种子也在他的心头悄悄萌芽。

普希金在读中学时，就开始了文学创作，他在那时就已经写出了许多优秀的诗歌，这令他获得了教师的赞赏和同学的推崇。毕业后，普希金进入圣彼得堡外交部工作。在此期间，他被十二月党人自由民主的思想所感染，创作了许多反对农奴制、鼓励为自由而奋斗的诗歌，如《自由颂》《乡村》等。

这些诗歌激怒了沙皇，普希金因此遭到流放。在这期间，他与十二月党人保持着密切的联系，追求自由的心更为热切了。此外，他还写下大量诗歌，如《短剑》《囚徒》《致大海》，还有4篇浪漫主义叙事长诗《高加索的俘虏》《强盗兄弟》《巴赫切萨拉依的泪泉》和

《茨冈》。他的这些诗歌作品深受俄国人民的喜爱，并激起了他们对自由的渴望之情。

普希金最重要的两部作品是《叶甫盖尼·奥涅金》和《上尉的女儿》。《叶甫盖尼·奥涅金》是一部长篇诗体小说，讲述了一个贵族青年奥涅金在上流社会所发生的故事，从侧面反映出俄国贵族中的进步青年思想上的苦闷。《上尉的女儿》是一部描写农民起义的中篇小说，这部作品也是俄国文学史上第一部反映农民斗争的现实主义作品。

普希金的一生并不长。38岁时，他在与俄国境内的法国保皇党人决斗时被打成重伤，随后去世。普希金虽然长辞于世，但他的作品却一直激励着俄国人民为了自由而奋斗。

▲ 普希金雕像

俄国批判主义作家——果戈理

1836年的某天，俄国街头有两个青年正谈论着彼得堡大剧院最近上演的新戏《钦差大臣》，每每说到精彩的情节，两人都忍不住哈哈大笑。接着，他们见四下无人，悄悄议论起沙皇尼古拉一世看过戏剧后被气得脸色铁青的事。这部令人民喜爱、令沙皇愤怒的戏剧的作者就是果戈理。

果戈理是俄国批判主义作家。果戈理是他的笔名，他本名是尼古莱·瓦西里耶维奇·果戈理·亚诺夫斯基。他出生在乌克兰的一个地主家庭，不过他家里并不富裕。果戈理的父亲极其喜爱戏剧，在父亲的影响下，他也爱上了戏剧。读中学时，他就时常参与学校戏剧表演活动，并开始尝试创作剧本。

求学时期，在十二月党人的自由民主思想和法国启蒙运动作家著作的影响下，他的创作倾向于表达对民主与自由的追求。又因他生活在农村，所以这段时期创作的《马车》《狄康卡近乡夜话》等作品都以农村为背景。

毕业后，果戈理先后在司法界、圣彼得堡国有财产及公共房产局和封地局工作，后又去学习绘画，其间创作了长诗《汉斯·丘赫尔加坚》。这首诗令他在俄国文坛崭露头角，但并没有声名大噪。他意识到，写诗并不是他的强项，于是开始创作小说和喜剧。

1830年，果戈理以他姓氏的一半，也就是"果戈理"这个笔名

254

▲ 果戈理雕像

发表了小说《圣约翰节前夜》。诗人瓦西里·茹科夫斯基读后，对他的才华尤为赞赏，二人结为了好友。后来，果戈理进入圣彼得堡大学教授历史，其间创作了《三等弗拉基米尔勋章》《婚事》等喜剧剧本，以及《彼得堡故事》《密尔格拉得》等小说集。

为了专心创作，果戈理在圣彼得堡大学任教两年就离职了。正是在这个时期，他创作了令人民喜爱、令沙皇愤怒的讽刺喜剧《钦差大臣》。这部讽刺喜剧的主人公赫列斯达可夫是个游手好闲的赌鬼，在他输得精光而急需用钱时，被官员误认为是钦差大臣。之后，官员们朝他展开了各种啼笑皆非的讨好、贿赂。果戈理采用喜剧的方式讽刺了官场的腐败，揭露了农奴制下俄国社会的黑暗和荒唐。

《钦差大臣》的公演，令果戈理受到很多御用文人的攻讦。因此他不得不离开俄国，开始了游历生涯。在这期间，他创作了长篇小说《死魂灵》，这是他最著名的作品之一，这部小说依然揭露了俄国农奴制的腐朽。

1852年3月4日，果戈理在莫斯科逝世。

托尔斯泰的文学世界

列夫·尼古拉耶维奇·托尔斯泰是俄国著名的政治思想家、哲学家，也是俄国批判现实主义作家代表人物之一。

1828年8月28日，托尔斯泰降生于俄国图拉省的一个贵族家庭。他的父母在他很小的时候就去世了，他由亲戚代为抚养长大。

托尔斯泰在求学时期就对道德哲学和法国思想家卢梭的学说很感兴趣，并阅读了大量相关的书籍，这对他日后的创作方向产生了极大的影响。

托尔斯泰从学校毕业后，在图拉省的行政管理局工作了几年，后跟随兄长加入军队，参加了克里米亚战争中的塞瓦斯托波尔围城战，表现十分英勇。在这期间，他创作了以自己为原型的小说三部曲，即《童年》《少年》和《青年》，此外，他还根据自己在塞瓦斯托波尔围城战中的经历创作了《塞瓦斯托波尔故事集》。

托尔斯泰退役后，前往许多国家游历，回到俄国后，他与沙皇御医的女儿索菲亚·安德列耶芙娜·托尔斯塔娅结婚。他的妻子帮他管理庄园，处理日常琐事，他才得以专心地写作。在这段时期，他创作了《战争与和平》《安娜·卡列尼娜》和《复活》等传世之作。这些作品都强烈地表达出他对革命者的同情，对社会现实和沙皇政府的不满。

托尔斯泰在晚年时意识到农民应当在思想上觉醒，推翻地主阶

▲ 托尔斯泰雕像

级和资产阶级，同时又对自己的地主庄园生活感到愧疚不安。他曾数次产生逃离这样的生活的念头，并与妻子产生了争执。

终于，1910年10月28日，80多岁的托尔斯泰简单地收拾了行李，悄悄离开了自己生活多年的庄园。他渴望寻找一片宁静之乡，但在此期间不幸感染了肺炎。同年11月7日，他在阿斯塔波沃的车站逝世。

诺贝尔文学奖

诺贝尔奖是著名的国际性奖项，它是为对世界、对人类做出重大贡献的人设置的奖项。诺贝尔奖的创立者是瑞典著名化学家、炸药发明者阿尔弗雷德·贝恩哈德·诺贝尔。他去世时立下遗嘱，将自己的大部分遗产作为奖项基金。

诺贝尔奖最初设立了5个奖项，分别是物理学、化学、生理学或医学、文学、和平。其中，文学奖就是颁发给创作出最具价值的文学作品的人的奖项。那么，诺贝尔文学奖是如何评选的呢？

诺贝尔文学奖由瑞典文学院负责评选和颁发。瑞典文学院是一个公平、公正的机构，院内除了有多名在文学上极有造诣的作家和学者外，还有3~5位德高望重的老院士。这些人组成评审委员会，但每位评审人的任期只有3年，连任的话需要再次评选。

诺贝尔文学奖的初选名单大约有150人。每年2月，瑞典文学院会向瑞典文学院院士和各国相当于文学院士资格的人士、作家协会主席、历届诺贝尔文学奖的获得者，以及高等院校文学教授和语言学教授发出数千张推荐函，只有得到推荐的人，才能进入初选名单。之后，瑞典文学院会收集初选名单上每个人的代表作，并对他们的代表作进行审阅和筛选，最终留下5~6部作为诺贝尔文学奖的提名作品。每年秋季，瑞典文学院的所有院士会进行集中探讨，并在10月第一个或第二个星期的星期四进行投票，得票最多的作品的作者就是当年诺贝尔文学奖的最终获得者。

诺贝尔文学奖创立之初是以"有理想主义倾向的优秀文学作品"作为评选准则。后来，经瑞典国王的批准，评选准则被扩展为"有文学价值的作品"，其中包括历史、哲学等著作。

诺贝尔文学奖已有百年历史，历届获奖者绝大多数是凭借多部作品的整体成就被评选上，也有人仅凭一部作品就获选了，如法国作家马丁·杜·加尔凭长篇小说《蒂博一家》获选，德国作家托马斯·曼凭长篇小说《布登勃洛克一家》获选。

诺贝尔文学奖激励着文学创作者努力前行，创作出一部部传世佳作。

第八辑

现代哲学与科学

法兰西思想之王——伏尔泰

启蒙运动是发生在17—18世纪欧洲的一场反封建、反教会的思想文化运动，为资产阶级革命提供了思想和舆论准备，并推动了资本主义和社会主义的兴起。在启蒙运动的引导下，西欧哲学和自然科学得以快速发展，涌现出众多杰出的思想家、哲学家和科学家。他们通过宣传自己的作品，宣扬自己的主张，抨击了愚昧、落后、黑暗的教会和封建社会制度，引导人们追求自由、平等，从而使整个社会摆脱教会的思想控制。

法国是启蒙运动的中心，伏尔泰则是法国资产阶级启蒙运动的领袖，是启蒙思想传播的领军人物。他的思想对18世纪的欧洲产生了巨大的影响，他被誉为"法兰西思想之王"和"欧洲的良心"。后世有人甚至评论说："18世纪是伏尔泰的世纪。"

伏尔泰出生于1694年，本名为弗朗索瓦-马利·阿鲁埃。他出生在一个富裕家庭，父亲是一位法律从业者，他希望伏尔泰能够子承父业，做一位律师或法官。尽管伏尔泰按照父亲的安排学习了法律，但却对此不感兴趣，他想要成为一名诗人。之后，他积极投身于文学创作，于1717年完成了第一部悲剧《俄狄浦斯》。这部作品讽刺了贵族的腐朽生活和社会的黑暗。

这部悲剧让伏尔泰在法国一举成名，同时也让他遭到贵族阶层、统治者的仇恨和迫害。伏尔泰被贵族德·罗昂诬陷，被关进巴士底狱，后被驱逐出境。之后，他开始了长期的流亡生涯，先后来到伦敦、柏林等地，最后在法国与瑞士边境的费尔奈庄园定居下来。

▲ 伏尔泰画像

尽管伏尔泰四处流亡，生活艰辛，但这并没有使他屈服，反而磨炼了他的意志，使他的思想更加成熟。他深入研究了唯物主义哲学思想，形成了自然神论的哲学观点，同时猛烈地批判了法国的封建制度，呼吁平等和自由。

1743年，伏尔泰发表《哲学书简》，这本著作宣传了英国资产阶级革命思想，批判了法国的封建专制制度。他提出一系列的进步主张：认为人生而平等，没有高低贵贱之分；在法律面前，人人平等；强烈反对天主教会，批判教会的贪婪和腐化，呼吁人们与它战斗到底；主张建立资产阶级开明君主制，实行言论自由、出版自由。他非常重视法律，认为法国应该以法治国，反对君主专制和贵族专权。

虽然伏尔泰一生中有很长的时间都是在流亡，但他非常关心法国社会的发展，不遗余力地揭露和批判教会的贪婪和君主专制制度的黑暗，希望给法国人民带去光明和希望。晚年时期，他写了许多宣传先进思想的文章和小册子，不仅在法国和欧洲引起轰动，还推动了启蒙思想的广泛传播。他积极投身于启蒙运动，支持年轻启蒙者的社会活动，营救无辜受害的进步者和革命者，在年轻人的心中拥有崇高的地位。

伏尔泰是一位伟大的思想家，也是一位杰出的文学家。他的主要文学作品包括悲剧《恺撒之死》《穆罕默德》、讽刺长诗《奥尔良的少女》、哲理小说《老实人或乐观主义》《天真汉》、历史著作《路易十四时代》等。伏尔泰对中国文学非常感兴趣，还改编了元杂剧《赵氏孤儿》。

1778年，伏尔泰终于回到巴黎，此时他已经是84岁高龄。伏尔泰回到法国时，受到了人们的热烈欢迎。不过，不久后他就因病去世了。

尼采的"唯意志论"

尼采是20世纪最伟大的哲学家之一，被公认为西方现代哲学的开创者。他的思想深深地影响了一大批后世的思想家，包括弗洛伊德、雅斯贝尔斯和海德格尔，以及我国的王国维、鲁迅和茅盾等。严格来说，尼采不是20世纪的人物，他逝世于1900年。但是他的思想却影响了整个20世纪，被认为是20世纪西方社会价值观念的开路人。

尼采是一位备受争议的人物，他是一位伟大的哲学家、诗人，同时也是一个性格孤僻的人，甚至是一个精神病患者。

1844年10月15日，尼采出生于普鲁士，父亲是普通的传教士。年轻时，尼采受传统教育的影响，对古典文学和基督神学有了深刻的认识。1869年，他前往瑞士的巴塞尔大学任教，在此期间也改变了他对基督教的认识。普法战争爆发后，尼采积极参军，后因感染疾病不得不返回巴塞尔。

之后，尼采专心从事学术研究，发表了诸多哲学著作，

▲ 尼采画像

积极宣扬自己的哲学主张。1876年，尼采到瑞士、意大利、法国等地游历，思想逐渐成熟，在此期间完成了《人性的，太人性的》《快乐的科学》等作品。

尼采的成就就是提出了"重估一切价值"的主张，以及"超人"哲学。这一系列主张具有进步性和独特性，不仅改变了人们对哲学的认识，也使得20世纪的西方社会价值观发生了巨大转变。

尼采很早就开始研究叔本华的《作为意志和表象的世界》一书，深受其思想的影响。他继承了叔本华的部分哲学思想。但是，他并不赞同叔本华悲观厌世的主张，而是提倡积极乐观的人生态度。

尼采的"超人"哲学认为，生物具有3种生存形式，即动物、人和"超人"，而"超人"是生物的最高级形式，人只是连接动物和"超人"的桥梁。"超人"是寥寥无几的，是人类中最出色的，普通人几乎很难成为"超人"。想要成为"超人"，人必须有足够的天赋，还要付出巨大的代价。在人类历史上，只有拿破仑、俾斯麦和他自己称得上是"超人"。

可以说，尼采的"超人"哲学是一种极端的英雄主义，具有非理性思想的色彩。这种思想对20世纪哲学的发展，以及人们的思想和价值观产生了很大的影响。

同时，尼采还提出非理性主义思想，这体现在著作《悲剧的诞生》中，对20世纪文学发展起到了很大的促进作用。

尼采还受到达尔文进化论的影响，继承了达尔文的进化论思想。他认为，任何生物都是有"权力意志"的，都不可避免地渴望权力、追求权力；一切生物、社会和历史都是发展的，遵循进化论的规律。这对资本主义的存在和发展产生了巨大的影响，成为其发展的思想基础。

尼采是一个矛盾结合体，思想先进却不被理解，备受孤独的煎熬。因为孤独和不被理解，他患上了精神分裂症。他的晚年生活十分潦倒和悲苦。

1900年8月25日，尼采逝世于魏玛。

亨利·柏格森的生命哲学

柏格森是法国著名的哲学家，继承了尼采的非理性主义哲学思想。不过，与一生孤独、潦倒的尼采相比，柏格森显然幸运很多。他的思想备受关注和重视，此外，他还成了第一位获得诺贝尔奖的非理性主义哲学家。

1859年10月18日，柏格森出生于法国巴黎，有波兰犹太人的血统。早年，他就读于巴黎高等师范学校。1896年，他发表了著作《物质与记忆：身心关系论》，这本著作令他在欧洲一举成名。第二年，他回到巴黎高等师范学校担任哲学教师，之后一直从事教育事业和学术研究，并且出版了多部哲学著作，其中最著名的是《创造进化论》。

1927年，柏格森因《创造进化论》被授予诺贝尔文学奖，这使他的声誉和影响力都达到顶峰。一位哲学家获得诺贝尔文学奖，这在西方哲学史上是罕见的。

柏格森提出了生命哲学的观点，认为生命是万物的本源，是万物发展的动力；创造是生物进化的方式，而进化过程是不可预测的、不受客观规律支配的。

柏格森的思想具有先进性，但也具有局限性。他反对理性地认识生命，否认主客观之间的关系。他认为，认识过程是非理性的直觉，认识源于内心；生命有一种超空间的无限延续的特征；他把生命无限神化，认为生命冲动是一种盲目的精神力量，进化过程是不可预测的、不受客观规律支配的进程；生命源于人们内心的体验，只有在心中才能看到它的整体。

柏格森在文学上也有很高的成就，其作品独树一帜，具有希腊式的典雅风格和神秘的非理性主义色彩。他的作品在20世纪初产生了巨大的影响。

1941年1月4日，柏格森安详地去世了。彼时，法兰西正处于最黑暗的时期，纳粹德国在法国肆意横行，迫害那里的犹太人。但即便如此，纳粹对柏格森非常尊敬和友好，并没有因为他是犹太人而迫害他。

精神分析学派创始人——弗洛伊德

弗洛伊德是20世纪最著名的哲学家、心理学家之一，对于心理学领域具有划时代的影响。

1856年5月6日，西格蒙特·弗洛伊德出生于奥地利，父亲是一位犹太商人，家庭富裕。他从小就接受了良好的教育，后考入维也纳大学医学院，继而成了一名出色的医生。在30岁左右时，他来到巴黎，成了著名精神病学家沙可的学生，开始研究精神病理学和心理学。

之后，弗洛伊德回到维也纳，开了一家私人诊所，开始用催眠法治疗病人。其间，他开始研究精神分析学，出版了《歇斯底里症研究》一书，还探索了"自由联想""自我分析"的治疗方法。

1900年，弗洛伊德出版著作《梦的解析》。后来，这本书被誉为他最伟大的著作，奠定了精神分析学的理论基础。之后，弗洛伊德还出版了很多哲学著作，如《多拉的分析》《性学三论》等，促使精神分析学快速发展。之后，欧洲各地涌现出了很多出色的精神分析学家。

1933年，希特勒上台，弗洛伊德的所有著作被列为禁书。1938年，纳粹占领奥地利，弗洛伊德被逮捕，后被一位病人兼崇拜者营救。此后，弗洛伊德和家人流亡伦敦。1939年，他在伦敦去世。

弗洛伊德在3个方面的功绩显著：创立了精神分析学，把心理学

▲ 弗洛伊德雕像

从哲学中彻底分离出来；提出"潜意识"这个概念，让人们第一次认识到意识和潜意识，改变了对心理和精神的认识；他的思想促进了现代主义文学的产生和发展，尤其是超现实主义和意识流小说的诞生与发展。

其中，影响最大的是潜意识理论，这也是他思想学说的主体。他认为，人的心理状态包括潜意识、前意识和意识3个层面。其中，潜意识是最关键、最重要的一个层面，不受任何制约，始终积极地活动着。它是精神分析学的理论基石，虽然不容易被人察觉，但支配着人的一生。与潜意识相比，意识源于现实生活，前意识则反映了伦理道德和个人内心。

弗洛伊德认为人们之所以做梦，是因为受到了潜意识的影响。梦通过"伪装"，把潜意识中被压抑和隐藏的欲望改头换面，让我们精神中的那个"审查者"看不出来，这样一来，这种欲望就可以以梦境的方式得到满足。

弗洛伊德还提出了泛性论，认为人们潜意识中最多的是性欲望，它具有强大的力量，且性的本能是人们从事一切活动的原动力。这种观点受到学者的广泛攻击和批判，他们认为弗洛伊德把人彻底地生物化和粗鄙化了。

他还提出了"恋母情结"和"恋父情结"的概念，提出了自我防御机制以及"人格结构由本我、自我、超我三部分组成"的观点。此外，弗洛伊德还认为因种种限制和制约，人的本能欲望不可能得到充分满足。因此，欲望会得到升华，人们会通过从事其他社会活动而获得满足。一旦人们无法通过社会活动满足欲望，心理就会产生严重的问题，甚至产生精神病态。

弗洛伊德是精神分析学的创始人，他开创了潜意识研究的新领域，促进了人格心理学、变态心理学的发展，为20世纪西方医学发展奠定了良好的基础。

现代天文学开创者——哥白尼

几千年前，古希腊哲学家亚里士多德提出了地心说，之后古希腊天文学家托勒密进一步证明了这一学说。到了中世纪，地心说在欧洲的大文学中处于统治地位，罗马教会则借助这种理论统治和愚弄人民，宣称上帝创造了地球乃至宇宙，日月星辰都围绕地球运转。直到哥白尼提出日心说，这一理论才被真正打破，动摇了教会的思想统治。

哥白尼是波兰著名的天文学家，彻底推翻了地心说，改变了人们错误的宇宙观和世界观。他戳穿了教会"上帝创造万物"的谎言，动摇了神学的统治地位，对社会革命有很大的推动作用。自此，自然科学从宗教神学中解放出来，并且快速、良好地发展起来。

哥白尼年轻时就对天文学产生了浓厚的兴趣，后又受到希腊天文学理论的影响。从1506年开始，哥白尼在弗罗恩堡大教堂教学，并利用空闲时间研究天文学。为了便于研究，他特意选择教堂围墙上的箭楼作为住所，并建立了属于自己的天文台。经过

Nikolaus Kopernikus.

▲ 哥白尼画像

30年的天体观测，他终于完成伟大的著作《天体运行论》，其中很大部分的观察记录是在这个天文台上完成的。

在《天体运行论》中，哥白尼提出太阳是宇宙的中心，地球围绕太阳旋转，其他行星围绕太阳旋转，只有月球围绕地球旋转。他还提出了月食理论，认为黑夜只是地球本身的阴影，批判了托勒密的地球静止论，认为地球是运动的。他认为，人们感觉宇宙在运动，是因为地球在运动，就好像人们坐船时感觉岸边的树木、建筑物在运动，实际上是船在运动。

哥白尼深知日心说触犯了封建教会的神学理论，揭露了教会的荒谬谎言，一旦发表，肯定会遭到教会迫害。他犹豫了很长时间，最后在友人的鼓励下，才出版了《天体运行论》。

1543年，哥白尼的不朽著作《天体运行论》几经周折，终于得以出版。但在这之后不久，他便因病去世了。这本著作给封建教会带去了沉重打击，彻底地改变了人们的宇宙观。

"知识就是力量"——培根

弗朗西斯·培根是文艺复兴时期英国著名的哲学家、科学家和文学家，在当时的欧洲社会具有很大的影响力。

1561年，培根出生于英国伦敦，父母都是贵族出身。培根小时候身体虚弱，时常生病，但他天性聪明好学，喜欢读书和研究自然科学，掌握了丰富的自然科学知识。12岁时，培根进入剑桥大学学习。因为当时剑桥大学受经院哲学的统治，侧重神学研究而忽视自然科学，这让培根对传统观念和信仰产生了一定的怀疑，但他也因此开始独立思考一些问题。

培根一生非常坎坷，仕途并不顺利。父亲去世后，家族衰落，培根一直不受重用。直到詹姆斯一世即位，他才开始春风得意，不仅先后担任检察长、掌玺大臣等职位，还被授予了男爵、子爵等爵位。后来，他因涉嫌贪污受贿被免除官职和爵位，并且欠下一大笔债务，直到去世都没有还清。

培根晚年的生活很辛苦，但他仍不遗余力地研究学问。1620年，他出版了著作《新工具》，这

▲ 培根画像

本著作一经出版，立即在欧洲引起了轰动。他提出唯物主义哲学观点，强烈地批判了经院哲学的落后和腐朽，认为哲学应该研究自然科学，而不是神学，人类想要了解和利用自然，就必须掌握科学知识。他提倡要重视科学实验，认为这是获得知识的关键途径。

他提出了"知识就是力量"这一名言，并且提倡理性，反对崇拜。他是一个唯物主义者，承认外部世界的存在，这对欧洲近代哲学产生了很大的影响。

培根是一位伟大的哲学家，也是一位杰出的文学家。虽然一生坎坷，但他从来没有放弃过写作，为后人留下了不少优秀著作，其中最具代表性的是《培根论说文集》。此文集文笔优美，语言凝练，且具有深刻的寓意，受到后世文学家的广泛称赞。此外，他也提出过很多独到的见解，阐述了人与社会、人与自然、人与自身的关系。他留下了很多至理名言，如"顺境的美德是节制，逆境的美德是坚忍""一个自身无德的人见别人有德必怀嫉妒"等，这些名言直到今天仍激励着许多人。

伟大的科学家牛顿

艾萨克·牛顿是一位伟大的科学家，为近代自然科学的发展做出了突出贡献。他最大的贡献是提出了万有引力定律和牛顿三大定律。关于万有引力的发现，还流传着一个非常有趣的故事。

一天，牛顿因长时间工作而感到疲倦，随后到院子里散步。之后，他随意坐在苹果树下休息。突然，一个苹果从树上掉了下来，恰好砸到他的头。牛顿看着苹果，好奇地想：苹果为什么会落下来，它为什么不飞上天空呢？

经过反复研究和思考，牛顿发现，任何事物都具有引力，地球也存在巨大的引力。因为地球有引力，所以苹果才会向下落到地面，而不是飞上天空；因为地球有引力，所以所有行星才会围绕它旋转。牛顿还用数学公式证明了这个定律，计算了引力与物体质量及它们之间距离的关系。万有引力定律的发现，极大地激发了人们对天体运动的研究兴趣，促进了天文学和力学的发展。

▲ 牛顿画像

牛顿还发现了惯性定律、加速度定律，以及作用力定律和反作用力定律，即"牛顿三大定律"。他奠定了力学理论的基础，促进了力学理论体系的建立。

在天文学方面，牛顿也有重大贡献。他在继承哥白尼、布鲁诺、开普勒等人学说的基础上，研究了行星运行轨道，认为行星按照轨道运行，是因为有引力的牵引，并用万有引力定律解释了潮汐现象。他还研制了世界上第一架反射望远镜，发现了木星的卫星，促进了天文观察领域的发展。

牛顿在数学上也有突出成就。他创立了二项式定理和微积分学，开辟了数学史上的新纪元。很多人认为牛顿是微积分的创始人，因为他比莱布尼茨更早发现和研究微积分。

牛顿还利用三棱镜分解了白光，把它分解为7种颜色的光带，之后又利用倒置棱镜把七色光带再合成白光。这就是著名的"光谱实验"，它为光谱学的发展奠定了基础。此外，他还创立了光的微粒说，认为光是由非常小的微粒组成的。

牛顿在热学、哲学方面也有重大贡献。可以说，他称得上是一位百科全书式的人才，是近代自然科学的奠基人之一。

牛顿之所以能够取得如此杰出的成就，不仅因为天分，也因为他的刻苦钻研。他时常废寝忘食地进行研究，为科学研究付出了大量的精力和时间。民间流传着很多关于牛顿刻苦、专注的小故事。

一次，牛顿一边思考一边煮鸡蛋，竟然因为思考得太入神而把怀表当作鸡蛋放进煮锅。

还有一次，牛顿约朋友们到家里吃饭。当朋友们都到齐了，他还在实验室里做实验。朋友们实在等不及了，便自行先吃了起来。吃完饭后，朋友们想和牛顿开个玩笑，便把鸡骨头放到牛顿碗里。很久之后，牛顿才从实验室出来，看到碗里的骨头，恍然大悟地说：

"哦，我已经吃过饭了。"说完，他就又回到实验室。朋友们被逗得哈哈大笑。

牛顿是一位非常低调、谦虚的人，他认为自己之所以能取得如此巨大的成就，是因为站在了巨人的肩膀上。他说："我就像是一个在海边玩耍的孩子，有幸拾到光滑美丽的石子，但真理的大海，我还没有发现。"

1727年3月31日，牛顿在伦敦因病去世。人们为他举行了隆重的葬礼，以表示对这位伟大科学家的尊敬和怀念。

揭开雷电之谜的人——富兰克林

本杰明·富兰克林是一位伟大的科学家，进行过很多科学研究，为电学和自然科学的发展做出了巨大贡献。同时，他还是一位杰出的政治家、外交家，为美国独立运动做出了突出贡献。

富兰克林小时候非常喜欢科学，时常专心研究一些自然现象。之后，他对雷电产生了兴趣，听着轰隆隆的雷声，看着一条条银蛇般的闪电在空中闪过，就开始思考为什么会发生雷电，为什么它会有如此大的威力？难道真如希腊神话讲的那样，雷电是万神之王宙斯在发怒吗？

慢慢地，他认识到雷电不过是一种自然现象，便开始研究雷电发生的原理，试图用科学的方法来揭开雷电的秘密。他进行了多次实验，尽管遇到很多困难和危险，仍坚持不懈。

▲ 富兰克林画像

1752 年 7 月的一天，富兰克林终于成功了。这一天风雨大作，雷电轰鸣。他来到空旷的场地，把一只风筝放上天空，想用风筝上的铁丝来引雷电。风筝越飞越高，突然一道闪电划过，富兰克林牵着风筝线的手感到了一阵麻木。接着，挂在风筝线末端的铜铃响了起来，还冒出点点火花。

富兰克林成功地引下雷电，解开了雷电之谜，向人们证明雷电并不是"上帝的怒火"，从而震惊了整个世界。

之后，经过多次实验，他发明了避雷针，且发现电荷是流动的，分为正电和负电，两者数量守恒。富兰克林关于电学的研究，为电学发展做出了巨大的贡献，他也由此成为电学原理的创始人之一。

此外，富兰克林还发明了很多别的东西，包括富兰克林炉，它可以节约75%的燃料；老人专用的双光眼镜，可以看远、看近；可伸缩的导尿管、蛙鞋等。富兰克林还做了很多科学研究，如研究了北极光的性质和原理，液体蒸发时热量流失的情况等，还研究了气象、地质、声学、海洋航线等领域的知识。

可以说，富兰克林是一个优秀的发明家，在科学界具有非常高的声誉。1756年，他当选英国皇家学会会员，被牛津大学、爱丁堡大学授予博士学位。他还是一位杰出的政治家，为美国的民族独立做出了不可磨灭的贡献。

独立战争爆发后，富兰克林坚持与英国殖民者做斗争，并且运用物力、财力支持革命运动；积极投身于革命运动，参与了《独立宣言》和《美国宪法》的起草；主张废除奴隶制度，反对殖民统治；开展外交活动，出访欧洲各国。

富兰克林是第一位美国驻法大使，并用自己的学识和声誉赢得了法国人民的尊重。他利用英美之间的矛盾，促成美国与法国签订《美法友好商务条约》《美法同盟条约》，同时争取到法国派兵支持美国。

他还通过出色的外交手段赢得了西欧国家的支持，使美国从孤立无援的处境中彻底解脱出来，赢得了独立战争的胜利。之后，富兰克林积极与英国谈判。1783年，英国被迫与美国签订《巴黎和约》，正式承认美国独立。

生理学无冕之王——巴甫洛夫

1904年，巴甫洛夫获得诺贝尔生理学和医学奖，成了第一个获得诺贝尔奖的生理学家。

伊万·彼得罗维奇·巴甫洛夫是俄国著名的生理学家、心理学家，俄国第一位获得诺贝尔奖的科学家。1935年，在苏联举办的第15届国际生理学大会授予了他"全世界生物学界元老"的称号，以此肯定和赞扬他在生物学上的伟大成就。

巴甫洛夫小时候生活在俄国中部的梁赞城里，他从小聪明好学，善于观察和研究动物。他的邻居养了一只狗，因担心狗乱跑，就用一根粗锁链把它拴了起来。这只狗非常凶恶，一见人就"汪汪"大叫，并且张大嘴巴，露出尖利的牙齿。

附近的孩子非常害怕这只狗，都远远地躲着它走。一天，一群孩子经过这户人家，就听见那只狗凶狠地冲着他们狂吠，他们都吓得赶紧跑得远远的。可是，巴甫洛夫观察了一小会儿，便向那只狗走去。伙伴们立即阻止他："不要靠近它！它会咬你的！"

巴甫洛夫不仅没有离开，反而越来越靠近。他轻松地说："它是不会咬人的，我要把它的链子解开。"

伙伴们吓坏了，慌忙地大叫："不要解开！不要解开！"一边喊，一边向后跑。

巴甫洛夫坚持己见，真的把铁链解开了。令人震惊的是，这只狗不仅没有咬他，反而温驯地蹲在他的脚下，还摇着尾巴。而且，这只狗自从被解开铁链之后，再也没凶恶地狂吠过。

许多年后，巴甫洛夫发现了条件反射，时常用亲身经历为人们讲解这种现象。事实上，为了研究条件反射，巴甫洛夫进行了大量的实验和观察，还通过"假饲实验"长时间观察狗的消化腺的分泌情况，从而研究动物消化系统的生理状况。

▲ 巴甫洛夫雕像

他通过手术切断了狗的食道，把食道两端缝在狗脖子上，然后一整天不给狗喂食。一天后，他把这只饥饿的狗带到实验室，把一盘鲜肉放在它面前。狗一看到肉，立即扑了上去，贪婪地吃了起来。因为食道被切断，狗根本无法将这盘肉吃进胃里。狗贪婪地咀嚼、吞咽着，可肉一点都没有减少，顺着被切断的食道又落到盘子里。

过了几分钟，神奇的事情发生了。虽然肉没有进入狗的胃部，但是它的胃部却分泌出了大量的胃液。随着狗的不断咀嚼，胃液也不断分泌。经过仔细观察，巴甫洛夫发现，这是由大脑内的迷走神经冲动引起的。

为了进一步研究，巴甫洛夫切断了这只狗的迷走神经，并且在上面安上一根丝线。只要他轻轻拉动丝线，迷走神经和胃部之间的联系就会被切断。结果显示，虽然狗还是不断地咀嚼肉，但只要迷走神经和胃部之间的联系被切断，胃部就不会再分泌胃液。

之后，巴甫洛夫还进行了针对高级神经活动的研究，他利用柠檬，形象地向人们解释了这一现象。他举起一个柠檬，对观看实验的人说："大家看，这是一个柠檬，虽然你们没有吃到它，但仅仅看着它，是不是就不自觉地流出口水了？因为大家都吃过柠檬，知道它比较酸，所以一看到它，就会不自觉地流口水。"

人们哈哈大笑起来，因为他们真的都在不自觉地咽口水。

巴甫洛夫接着说："看到柠檬，我们会流口水；看不到柠檬，我们就不会流口水。这种生理反射是有条件的，所以我们称之为'条件反射'。"

为了研究条件反射，巴甫洛夫进行了无数次实验。这一发现也为生理学的发展奠定了一定的基础，巴甫洛夫也因此荣获诺贝尔生理学和医学奖。

1936年2月27日，巴甫洛夫去世。他被后人誉为"生理学无冕之王"。

第九辑

神奇的艺术之旅

艺术大师米开朗琪罗

米开朗琪罗是意大利文艺复兴时期最伟大的画家、雕刻家和建筑师。直到今天,他的《大卫》还是每个学画的人必须临摹的作品。此外,他还是一位热爱祖国、热爱自由、勇于抗击外族侵略的爱国战士。

1475年3月6日,米开朗琪罗在意大利的佛罗伦萨出生。从小,他就对艺术表现出了极大的热忱,他不顾父亲的反对,坚持学习绘画和雕刻,这为他后来的成就打下了坚实的基础。25岁那年,他的雕刻作品《哀悼基督》在罗马引起轰动,前来参观的人络绎不绝。

知道这件事后,米开朗琪罗连夜来到参观大厅,挤过拥挤的人群,在圣母肩上刻下"佛罗伦萨人米开朗琪罗·博那罗蒂作"一行字。这是他第一次也是最后一次在作品上署名。通过这幅雕刻作品,罗马人认识了这位年轻的艺术天才。他

▲ 米开朗琪罗画像

后来的雕刻作品《大卫》《摩西》《朝》《夕》《昼》《夜》《被缚的奴隶》及《垂死的奴隶》等，同样惊艳了罗马人。

与雕刻一样，米开朗琪罗的绘画水平也达到很高的艺术境界。至今，人们仍对他用画笔留下的众多感人至深的画面感到惊叹。其中，最广为人知的当属天顶画《创世纪》，它是米开朗琪罗伟大成就的代表。

成就的背后，往往是巨大的代价。1508 年，米开朗琪罗受委托开始为梵蒂冈的西斯廷礼拜堂绘制天顶画。虽然他也擅长绘画，但这项工作对米开朗琪罗来说却是一种刁难，因为他主要是雕塑家而不是画家。但是，教皇的命令不能违背。为此，他怀着满腔的愤懑与不满投入工作，忍受着巨大的痛苦，以惊人的创作力和充沛的精力，开始了长期的创作工作。

那是常人难以忍受的痛苦：在 18 米高的脚手架上，仰着脖子，弯着腰，挥毫画了 4 年零 5 个月。长期过度仰头，给他带来了严重的后遗症 —— 他的头和眼很难下垂，读信都要举到头顶上。那时的他，看起来就像个垂暮老人。实际上，那一年他才 37 岁。

但这幅天顶画，却开创了人类绘画的新纪元。

《创世纪》根据《圣经》中故事绘制而成，共有 9 个构图场面，栩栩如生的人像共有 343 个之多，大部分比真人还大。在这些场面中，最著名的是《创造亚当》：体魄雄健美丽、饱含青春活力的亚当刚从梦中苏醒，他把手伸向了慈祥又威严的上帝，希望能够获得智慧和力量。画中的亚当有着雄伟的气魄，仿佛就要破壁而出，让人叹为观止。

晚年的米开朗琪罗，也创作了一些壁画，如《最后的审判》等。这些壁画同样代表了他伟大的艺术成就。罗曼·罗兰在形容米开朗琪罗的一生时这样写道：这是神圣而痛苦的生涯。

蒙娜丽莎的微笑

达·芬奇从小就表现出了极高的绘画天赋。水里的鱼、空中的鸟，各种各样的小动物，他都能画得惟妙惟肖。父亲发现了儿子的天赋，就把他送到好友 —— 著名画家和雕刻家佛罗基阿的画坊当学徒。

这段学徒经历，开启了达·芬奇的传奇人生。

在画坊，老师佛罗基阿给他上了人生中最重要的一课 —— 画鸡蛋。老师拿来一个鸡蛋，让他照着画。他很快就画了几张，而且画得很漂亮。可是，老师还是让他继续画，一连几天都是如此。千篇一律地反复画鸡蛋，让他非常气恼，他认为老师小瞧了自己。

佛罗基阿看出他的心思，意味深长地说："你认为画鸡蛋很简单吗？仔细看，你就会发现，世上没有两个完全相同的蛋。即使是同一个蛋，从不同角度、不同环境、不同光线条件下观察，它的外形也会完全不同！"

老师的话让达·芬奇恍然大悟。他这才明白，原来老师是为了培养自己观察事物和把握形象的能力。于是，他静下心来，从画鸡蛋开始，废寝忘食地训练自己的绘画基本功，学习各种艺术知识。功夫不负有心人，正是这段时间的刻苦训练，为他以后的绘画成就打下了坚实的基础。

毫无疑问，达·芬奇是一位伟大的画家。他用精湛的画艺，为世人留下了许多名垂千古的杰作。其中，最著名的当属《最后的晚餐》和《蒙娜丽莎》。

《最后的晚餐》取材于《圣经》中耶稣被门徒犹大出卖的故事。在这幅作品中，耶稣端坐在中央，庄严肃穆，明亮的光线通过他身后的窗户照射进房间，坐在他的周围的12个门徒神态各异。达·芬奇用神奇的画笔，巧妙地描绘出当耶稣在晚餐上说出"你们中间有一个人出卖了我"这句话后，众门徒表情变化的一瞬间，不同的神态、表情将不同人物的性格生动地展现了出来。尤其是身处画面最阴暗处的犹大，神色慌张，眼神飘忽，叛徒身份暴露无遗。

为了准确刻画犹大这个人物形象，达·芬奇付出了惊人的劳动。据说，为了刻画叛徒的神态，他亲自到各种场合观察罪犯、小偷和赌徒，从他们的表情、神态和形态上寻找灵感。他把自己的观察结果融入绘画，最终刻画出了满意的形象。这幅画面世之后，其他画家不敢再涉足这个题材。《最后的晚餐》画工之卓越，可见一斑。

《蒙娜丽莎》是达·芬奇最喜爱的作品，生前一直把它留在身边。这幅肖像画的原型是他朋友的妻子。为了能准确刻画人物形象，他先研究了她的心理。为了捕捉到她迷人的微笑，他甚至专门请来竖琴师和歌手，用琴声和歌声使她心情愉悦，自然地绽放出笑容。

他准确地捕捉到蒙娜丽莎微笑的迷人瞬间，并用精湛的画艺描画了出来。直到今天，当人们看到这

▲ 《蒙娜丽莎》

幅画时，还会为蒙娜丽莎摄人心魄的微笑所震惊。达·芬奇运用了"无界渐变着色法"，使散发着梦幻和神秘气息的《蒙娜丽莎》，成了艺术界当之无愧的瑰宝。

除了在绘画领域成绩斐然，在科学研究领域，达·芬奇也取得了极大的成功。他是一位多才多艺的科学家。闲暇之余，他会研究动物、植物、地质等，甚至还会研究人体本身。他模仿飞鸟的翅膀，设计了飞行器，类似今天的飞机。当然，不仅是飞行器，先进的纺车、高效率的机床等，也都在他的设计之列。"地质学"这一概念，也是他最早提出的。他的许多科学实践都为以后的科学家提供了思路和灵感。

由于达·芬奇持激进资产阶级人文主义政治观，他受到了封建宗教势力的长期迫害。1519年5月2日，这位67岁的艺术巨匠在法国溘然长逝。

罗丹的《思想者》

现藏于巴黎博物馆的雕塑作品《思想者》，是人们最熟悉的艺术形象之一。一个强壮有力的男子弯着腰，屈着膝，右手托着下颌，似乎陷入了沉思。他那深沉的目光及嘴唇咬着拳头的姿态，表现出极其痛苦的神态，仿佛空有一身男儿的伟力，却陷入迷惑而找不到方向。

《思想者》是法国著名雕塑大师罗丹的作品。这件作品极具哲理性，象征着但丁对"人间地狱"中种种罪恶的思考。罗丹对雕塑表现出来的普遍存在的矛盾、迷惑和痛苦，有着十分深切的体验。他通过严肃而深沉地思索问题的劳动者的形象发问："人类为什么要饱经磨难？生活中为什么会有无尽的诱惑，而人们却总是生活在痛苦中呢？"透过《思想者》，人们能感受到，罗丹对人类的苦难遭遇感到十分悲痛。

对于现代艺术甚至是现代思想来说，《思想者》都有着巨大的价值。然而，这样一件杰作的创造者，也就是罗丹，却在很长一段时间内，并未受到世人重视。他历经坎坷，从来没有进过美术学校，31岁时还在布鲁塞尔股票交易所装饰石像，从事繁重的体力劳动。直到后来，他的雕刻作品《青铜时代》引起了众人关注，他才一举成名。

《青铜时代》是罗丹的成名之作。从这件作品中，我们看到青年罗丹的造型手法十分严谨且含蓄。可是，这件作品在首展时却引起了极大非议。人们怀疑它是用真人作为模具塑造出来的，有参观者甚至将一块写着"本铜像模塑而成"的牌子挂在展品上。谣言止于真相，事实胜于雄辩。后来，在5名雕塑家面前，没用任何模特，罗丹创作了同样精美的雕塑《行走的人》，这才使谣言不攻自破。

在诸多作品中，罗丹最宏大的工程是创作《地狱之门》。从1880年接受制作任务，一直到去世，取材于《神曲·地狱篇》的《地狱之门》，整整耗费了罗丹37年的时间。《地狱之门》规模宏大，共有200多件人体雕塑，如门楣顶部的《三个影子》、上部中央的《思想者》等。罗丹将《地狱之门》整个作为一个大构图，但只表现了一个地狱的主题："你们来到这里，放弃一切希望！"无数被贬入地狱的罪孽深重的幽灵形象，使整个作品充满悲剧性。

创作《地狱之门》的同时，罗丹这位勤奋的创作者也创作了一些其他的作品，如《加莱义民》《巴尔扎克》《欧米哀尔》等。1917年11月17日，罗丹逝世。《思想者》矗立墓前，成了他的墓志铭。

▲ 《思想者》

莫奈与印象派绘画

在欧洲画坛，印象派具有划时代的意义。它不仅受到评论界和观众的重视，还引起了强烈的争论。1874年4月，巴黎卡普辛大街的"画家、雕塑家和版画家等无名艺术家展览会"，更是将这种争论推向极致。其中，莫奈的《日出·印象》备受嘲讽。

当时，在《喧噪》杂志上，有人评论说："印象于我深信不疑。我这样告诉自己——既然我已感受到印象，就必须有一些印象在其中……多么自由自在，多么轻易的手艺呀！毛坯的糊墙花纸也比这海景更完整一些。"印象主义虽受尽嘲讽，但也由此走进大众视野。

19世纪末，印象派成为法国的艺术主流，并影响了整个西方画坛。这个艺术流派由一批富有创新精神的画家组成，他们冲破传统艺术理念的羁绊，反对因循守旧的古典主义和虚构臆造的浪漫主义，在艺术形式和技巧上进行大胆的创新，形成了自己独特的风格。虽然学院派仍旧猛烈地抨击他们，认为印象派绘画是颓废、怪诞和堕落的艺术，但这并不影响它成为艺术界的时代潮流。

印象派绘画最重要的成就，就是发现和表现户外自然光下的色彩，捕捉大自然的瞬间变化。印象派的画家不再重视牵强附会的主题，强调的是要真实表现艺术家对客观世界的感觉和印象。他们认为，绘画带给人的应该是感觉，而不是深奥的思想。因此，"光"和"色彩"成为他们追求的主题。经过努力，他们成功地创造了一种符合现代科学的外光画派。

马奈、莫奈、雷诺阿、德加等，都是印象派的艺术大师。其中，莫奈因《日出·印象》这幅作品而最为人所熟知。

1840年11月14日，莫奈出生于法国巴黎。5岁时，他随家人搬到诺曼底的勒阿弗尔。父亲希望他能继承家里的杂货店，而他却想成为艺术家。在他的坚持和努力下，15岁时，他就成了当地小有名气的木炭漫画家。

艺术的道路，很难一帆风顺。刚开始进行针对光与色的效果的实验时，他的作品不被人们认可，几乎找不到买主，生活也陷入困境。三番五次被人拒绝，没有生活来源，他在心灰意冷之际差点自杀。直到1874年，《日出·印象》引起关注，他也因此一举成名，生活状况才有了好转。

1883年，莫奈又回到巴黎居住。这时候，印象派内部产生分裂，莫奈、雷诺阿、德加等人开始探索各自的艺术风格。莫奈因为放弃印象派展览，转向政府沙龙，被德加等人视为印象派的"叛徒"。但是，无论别人怎样嘲讽，他始终认为自己是真正的印象派画家，他的画作依然保留着强烈的个性。

莫奈晚年最重要的一件作品是《睡莲》。这是一部宏伟史诗，是他一生最辉煌灿烂的"第九交响乐"。

毕加索与《格尔尼卡》

20世纪，没有一位艺术家能像毕加索一样画风多变。

1881年10月25日，毕加索生于西班牙马拉加。他自幼爱好美术，曾在两所美术学校就读。1904年，他定居巴黎，3年后发起立体主义运动，成了立体画派的代表人物。他和他的画在世界艺术史上占据了不朽的地位，他则被人们誉为"人类艺术史上罕见的天才"。

1937年，德国空军对西班牙的格尔尼卡镇进行轰炸。愤慨万分的毕加索，为当年即将在巴黎举行的世界博览会西班牙馆创作了一幅装饰壁画，即《格尔尼卡》，以控诉德国军队的暴行。

《格尔尼卡》的画面由黑、白、灰三色组成，线条看似随意、杂乱，却是毕加索经过精细构思与推敲所绘出来的，有着十分严整的秩序。火中跳楼的妇女、怀抱死婴的母亲、握剑倒地的战士以及哀鸣的战马等形象，交织出让人绝望的惨景。这一切都是空袭受难者悲惨遭遇的真实写照。

毕加索是一位高产画家，一生中画了数以万计的作品，制作了大量的版画、雕塑、陶器等艺术作品，作品数量高达6万~8万件。他创作的题材十分广泛，风格多变，但在各种不同的风格中始终保持着粗犷刚劲的个性，在各种手法的使用中，都能达到内部的统一与和谐。

1973年4月8日，这位伟大的画家与世长辞。

后印象派画家梵·高

梵·高的一生，只能用"悲剧"两个字形容。活着时，他和他的画作似乎从来没有被人真正理解过。死后，他却被誉为天才画家，他的画也成了画中"贵族"。

27岁时，梵·高开始了他的画家生涯。他用疯狂的创作热情，通过绘画，拼命传达自己的生活感悟。他白天画，晚上画，画开花的果树、天空的飞鸟、市镇景色、向日葵和星夜等。他不管别人的看法，只醉心于创作。

《向日葵》是他最著名的画作之一。从这幅画中，人们可以看见他如火般的创作激情。黄色的背景上，向日葵像闪耀着的熊熊火焰，那样艳丽、华美，同时又是那样和谐、优雅、细腻，那富有运动感和仿佛旋转不停的笔触是那样粗厚有力。在他的笔下，向日葵不仅是一种植物，更是带着十足热情的生命体。

在短暂的一生中，梵·高总共画了800幅油画和700幅素描。然而，这些作品并没有为他带来经济上的改善。生前，他只售出过一幅作品。

在他生前，他的弟弟提奥和妹妹威廉明娜一直与他保持着十分密切的关系，弟弟也是他一生中最大的支持者和崇拜者。1890年，他在弟弟家小住以后，来到距巴黎几十千米的奥维尔。几天后，他向自己开了枪。这一年，梵·高37岁。

在生命的最后几年，梵·高患上了精神疾病，一直用抽烟来减轻痛苦。但自杀前，他的病情已有好转，可以与当地人愉快相处。他为什么自杀，这至今仍然是个谜。

梵·高死后，人们从他的衣服口袋里发现了一封写给弟弟的信，进而猜测他是因为对弟弟过于依恋，在得知弟弟结婚并将有孩子的消息时害怕被抛弃，于是决定结束生命。更多的人则认为，他死于性情孤僻，忧郁成疾。

梵·高是一个悲剧画家，也是一个普通人。他的一生穷困潦倒，苦痛缠身。精神接近崩溃时，他甚至用剃须刀割下了自己的一只耳朵，以此制止内心越来越强烈的疯狂。然而，在他死后，这位毫无名气的荷兰印象派大师从前那些卖不出去的作品，却成了价值连城的宝物。

"乐圣"——贝多芬

1785年夏天，因受迫害流亡在外，身无分文、走投无路的德国诗人席勒，受到莱比锡4个素不相识的年轻人的盛情相邀。感受到陌生朋友雪中送炭的温暖后，诗人以万分感激的心情，创作了一首脍炙人口的诗歌《欢乐颂》。

至今，世界各地的人仍在传唱这首《欢乐颂》。除了它是大诗人席勒的作品，文字细腻感人外，还有一个更重要的原因，它是著名交响乐《第九交响曲》第四乐章的组成部分。随着优美的旋律，这首诗歌飞向世界各地。

这首交响乐的作曲者，就是大名鼎鼎的"乐圣"贝多芬。

贝多芬是德国著名的音乐家，维也纳古典乐派代表人物之一。他自幼跟随父亲学习音乐，很早就显露了过人的音乐才华，8岁时就能登台演出。他曾跟随海顿学习作曲，后来在其指引下，到音乐之都维也纳进行深造。

关于贝多芬在学习上的刻苦努力，有很多传闻。

一次，他同几个朋友到野外散步，看到美丽的山川、原野，不由得心旷神怡。他不禁道，这样美丽的景色，应该用怎样的旋律来表现呢？带着这个问题，他陷入了沉思，在朋友说说笑笑时一言不发。朋友们惊讶于他的沉默，却没有人出声打扰。

很长时间后，他突然大声喊道："想到了，想到了，我想到了！"

说完，他便舍弃朋友，自顾自地跑回了家。到家之后，他立即把刚才的所见所感，用钢琴弹奏出来。这首曲子，便是人们所熟知的《第四交响曲》。

贝多芬的一生，经历了各种苦难坎坷。在音乐上逐渐取得成功时，他却接连遭受不幸和打击。他在26岁时，患上了耳聋症，听力慢慢减弱。到中年时，他已经完全听不见了。对于音乐家来说，没有什么比这更残酷了。可是，他没有向命运低头。

他把交替经历的希望和热情、失望和反抗，当成自己的灵感源泉，坚持进行音乐创作。1824年，在演奏完他创作的最后一支交响曲《第九交响曲》后，他仍然在为乐队打着拍子。因为听不见，他不知道演出已经结束。当人们告诉他后，他转过身看见人们正在疯狂地鼓掌，他一高兴，竟然晕倒在舞台上。

1801—1812年，饱受命运折磨的贝多芬创作了大量成功的作品，如《月光奏鸣曲》《第二交响曲》《曙光奏鸣曲》《英雄交响曲》《热情奏鸣曲》等。《英雄交响曲》标志着他精神状态的转机，也标志着他创作的"英雄年代"的开始。

在人生的最后10年，贝多芬在身体和精神上承受着双重折磨。在如此艰难的情况下，他仍以极其强大的毅力创作了《第九交响曲》，这是对他光辉一生的总结，也展现了人类的美好愿望。

1827年3月26日，这位至今被公认为有史以来最伟大的音乐家在维也纳辞世。凄凉的是，他过世时，身边没有一位亲人。他的墓碑上，铭刻着奥地利诗人格利尔巴采的题词——"当你站在他的灵柩跟前的时候，笼罩着你的并不是志颓气丧，而是一种崇高的感情。我们只有对他这样一个人才可以说：他完成了伟大的事业……"

"浪漫主义钢琴诗人"——肖邦

作为历史上最具影响力和最受欢迎的钢琴作曲家之一，肖邦的一生颇具传奇色彩。

1810年3月1日，肖邦出生于波兰。他是音乐界公认的"天才儿童"，7岁开始音乐创作，8岁就参加音乐公演，12岁就为俄国沙皇亚历山大即兴演奏。他的音乐天赋超脱了年龄限制，如同天上闪闪发光的星辰。

▲ 肖邦画像

"生于华沙，灵魂属于波兰，才华属于世界。"这是人们对肖邦的评价。他是一位爱国主义战士，深受民族解放思想和浪漫主义文学的影响。在他的一生中，对他的音乐创作影响最大的是祖国波兰的首都华沙。

1831年，华沙被俄军攻陷。家园的沦陷，如同一柄利剑，狠狠地刺穿了他的心脏。他把对祖国的爱和对敌人的恨都融入音乐中，创作了许多优秀的作品。感情汹涌澎湃的《d

小调前奏曲》，表现斗争和反抗激情的《c小调革命进行曲》，表达沉重悲痛心情的《a小调前奏曲》等，都抒发了强烈的爱国主义情怀。

除爱国主义情怀外，他的情人是影响他音乐创作的另一重要因素。他在维也纳遇到了女作家乔治·桑，正是在这位情人的支持下，他的灵感源源不断，最终在艺术创作上达到成熟的地步。在与乔治·桑共同生活的9年间，肖邦创作了大量名曲。后三首叙事曲、后两首奏鸣曲、《f小调幻想曲》、即兴曲、《波洛涅兹舞曲》、夜曲等，都诞生于这一时期。受生活环境的影响，肖邦作品中不乏贵族沙龙气息和伤感色彩，这一度为他带来不好的评价，但却不影响他的伟大成就。

肖邦的音乐，既保持着与传统的紧密联系，又不囿于传统的结构模式，而是进行了大胆的艺术革新。他市民阶层类型的作品，市民气息厚重，忧郁、深沉，各种情绪交相变换；他民族风格类型的作品，波兰乡土气息浓厚，情感丰富、变化迅速，充满了英雄气概和爱国主义情怀。

1849年10月17日，这位伟大的爱国主义作曲家、钢琴家在巴黎因肺结核辞世。

芭蕾舞

"芭蕾"一词，来自意大利语的Ballare（跳舞）和古拉丁语的Ballo，最后用法语的Ballet确定下来。这是一种欧洲古典舞蹈，有着严格的规范。

15世纪，芭蕾诞生于意大利宫廷，曾经是贵族享有的一项娱乐。起初，在各种宴会上，贵族踮起脚尖，穿插跳起舞蹈，以显示自己的风度礼仪。后来，随着舞蹈的发展，饮宴中出现了专门的抒情诗人和舞蹈家。他们把诗歌、音乐和舞蹈结合起来，表演具有情节的精彩节目，供贵族欣赏。这就是芭蕾的雏形。

世界上第一部芭蕾舞剧作品是《皇后的喜剧芭蕾》。它由法国宫廷舞蹈师博若耶根据《圣经》和希腊神话故事编导而成。这部芭蕾剧是音乐、歌唱、朗诵、舞蹈和杂技的混合物，讲述的是女妖西尔瑟虽征服了阿波罗和许多神灵，但却不得不臣服于法国国王的故事，以号召法国各宗教派系团结在国王亨利三世的周围，结束纷争的局面。

在法国王后路易丝的妹妹玛格丽特的结婚庆典上，这部芭蕾剧正式登台。上万名观众观看了演出，场面可谓空前绝后。然而，它的花费也非常惊人。为了这部芭蕾舞剧的演出，法国宫廷耗费了350万法郎。表演者都是贵族，他们穿着价值连城的服装，在树丛、喷泉和流水等昂贵的布景和道具中间翩翩起舞。

　　演出获得了极大的成功。《皇后的喜剧芭蕾》最成功的地方在于，它使芭蕾第一次拥有了一个基本的戏剧主题，有了明显的故事性，而这是芭蕾成熟的标志。自此，法国成了世界的芭蕾舞蹈中心。

　　柴可夫斯基的《天鹅湖》，是芭蕾舞剧中的著名作品。它取材于民间传说，讲述的是公主奥杰塔在天鹅湖畔被恶魔施魔法变成了一只白天鹅，王子齐格费里德爱上了奥杰塔，并勇敢地击败恶魔，让美丽的公主恢复原形的故事。

　　芭蕾是一种高雅的舞蹈，至今仍风靡全世界。

▶ 芭蕾舞者

华尔兹舞

华尔兹，又称圆舞曲，是一种生命力非常强的自娱舞蹈形式。

"华尔兹"一词最初来自古德文Walzel，意思是"滚动""旋转"或"滑动"，它起源于奥地利北部的农民舞蹈——连得勒舞。它简单易学，自由舒畅，风格朴实明朗，舞曲速度较慢。与传统舞蹈有着明显区别的是，这种舞蹈不仅不讲究队形，还需要男女抱在一起，勾肩搭背。这令传统的卫道士深恶痛绝，认为这是一种伤风败俗的不正派的舞蹈。

然而，这种谩骂却使得欧洲人更加热衷于华尔兹。尤其是在法国大革命后，欧洲思想界发生了巨大的变化，越来越多的人渴望自由，追求新生事物。这和华尔兹的舞步不谋而合。简单的摇摆，比任何舞蹈都更能表现时代的抽象价值、自由理想和内心的激情。

要讲述华尔兹，不得不提起约翰·施特劳斯父子。他们父子都是享誉世界的音乐家，在维也纳时，就建立了一个音乐王朝，华尔兹是其中的重要部分，并通过家族乐队，使光芒四射的华尔兹跨越国界，传播到世界各地，成为红遍全球的"舞中之后"。

绚丽奔放的西班牙舞

西班牙舞以它独特的风格闻名全世界。它热情、奔放，或轻快或平和的节奏，充分体现西班牙民族的个性。在欧洲舞蹈界，它如同火红的石榴花，分外引人注目。

大体上来说，西班牙舞蹈分为各地区的地方舞蹈、波丽露部门舞、弗拉门戈舞和古典西班牙舞4大类，但实际上，每大类又包含无数种舞蹈，这使得西班牙舞蹈种类繁多，千姿百态。在西班牙，几乎每个省都有属于自己的独特舞蹈，最突出的当数弗拉门戈舞。

弗拉门戈舞是目前西班牙舞蹈最流行的形式，它与斗牛并称为西班牙的两大国粹。弗拉门戈舞热情、奔放、优美、刚健，富有强烈的节奏感。它是表达吉卜赛姑娘爱恨情仇的最佳载体，受到以歌舞为生的印度吉卜赛人的极大影响，与印度的卡塔克舞有着很多相似之处，但二者又不完全相同。

弗拉门戈舞热情奔放的特质的由来，要从8世纪初说起。当时，信奉伊斯兰教的摩尔人将统治扩张至西班牙，把阿拉伯文化带到了伊比利亚半岛，使得西班牙文化兼具东西方的特质。13世纪，一群印度吉卜赛人又为西班牙人带来无拘无束的自由性格。当自由与自尊、豪放不羁与纵情享乐等人生观融合在一起时，西班牙人便成了世界上个性最强的民族。弗拉门戈舞则恰恰完美地汲取了这种性格。

▲ 西班牙舞蹈舞者

　　高傲而微梗着的脖子、热情而充满诱惑的眼神、快似闪电的动作、刚健优美的舞姿，使弗拉门戈舞成了世界艺术舞台上一抹十分耀眼的红色。

别具风情的拉丁舞

作为体育竞技舞蹈，拉丁舞的最大特点是爆发力强。热情、直率、不受任何约束的情感表达方式，使拉丁舞产生了让人无法抗拒的魅力，进而风靡世界。

目前，拉丁舞有5个舞种：伦巴舞、恰恰舞、桑巴舞、牛仔舞、斗牛舞。这5种舞蹈各有各的风格，伦巴婀娜，恰恰活泼，桑巴激情，斗牛强劲，牛仔逗趣。它们分别起源于不同的国家和地区。

伦巴舞的前身是非洲的黑人舞蹈，后来流传到古巴。这种舞的舞步较小，舞者交替屈伸膝部，通过细腻、合拍的重心移动来展现人体美。由于古巴人习惯头上顶着东西行走，以胯部向两侧的扭动来保持身体的平衡，伦巴舞的舞姿也秉承了这一特点。

在西印度群岛，生长着一种果树，它的果荚时常发出一种好听的咔嗒声，当地人就把果荚取下来，制成一种打击乐器，并称之为"恰恰"。在这种乐器伴奏下跳的舞蹈，也以"恰恰"命名。恰恰舞是最受欢迎的拉丁舞舞种，它的舞姿是对两只企鹅的各种动作的模仿。两只企鹅相亲相爱，时而欢跳，时而嬉戏。恰恰舞跳起来活泼可爱，因为音乐有趣，节奏感强，舞态花哨，舞步利落且简单，这种舞蹈深受人们喜爱。

桑巴舞起源于巴西，它与伦巴舞齐名。最早，它是黑人奴隶在节日中跳的舞蹈，后来逐渐流传开来。这种拉丁舞在好莱坞歌舞片中的出现，使它更加为人所熟知。它的狂放、随心所欲、激情四射，让人们跳起来非常尽兴。不过，由于难度较大，这种舞从来都不是在大众中普及的舞厅舞。

现代舞之母——邓肯

在20世纪初的欧美舞台上，一个打着赤脚、身披薄翼的舞者，引起了极大的轰动。她用充满新鲜的创意、与芭蕾舞大相径庭的表现方式，成为欧洲社交界的风云人物。

这位舞蹈家，是美国人伊莎多拉·邓肯。

邓肯是现代舞的创始人，也是世界上第一位赤脚在舞台上表演的艺术家。她的舞蹈动作十分自由，常常随兴而发，摆脱了对各种技巧的依赖。这种独树一帜的跳舞方式，使她成了最受欢迎的舞蹈家。她在伦敦、布达佩斯、柏林等地的演出轰动一时。每到一处，她都被崇拜者围得水泄不通。狂热的观众甚至俯在地上，亲吻她双足留下的印迹，以示对她的热爱。

20世纪以前，西方人所说的舞蹈，仅仅是指古典或浪漫风格的芭蕾舞。邓肯的出现，彻底打破了这种观念。她在演出时，赤着双足，放弃传统的舞衣而穿着宽松的裙袍，如此自由且大胆的方式，给舞蹈界带来了一股强有力的冲击。

她的确是一位划时代的舞蹈家。曾有舞蹈史学家这样描述她：邓肯整个身体都在舞动，并把自己的心灵安置其中，不守成规，也因而不落俗套，超越了"肉欲的对象"。

1877年5月26日，邓肯出生于美国圣弗朗西斯科。在她出生时，父母已经离婚。虽然家境贫寒，但她那作为音乐教师的母亲，却给了她良好的音乐教育。6 岁时，她就能教小伙伴跳舞；15 岁时，凭借出色的舞蹈才华，她成了一名舞蹈教师。

1898 年，她初次在纽约单独表演舞蹈时，就引起了轰动。由于对僵化、刻板的古典芭蕾舞极为反感，在舞台上，她袒颈露臂，双腿赤裸，现场女观众一片哗然，纷纷离席，以示抗议。但这次表演，使她一举成名。1900 年在欧洲的演出，更使她声誉倍增。回到美国后，在演出之余，她还创办了舞蹈学校。

她认为，美即自然。一切艺术的使命都在于表现人类最崇高、最美好的理想。

1927 年 9 月 14 日晚上，邓肯驾着红色汽车外出兜风，脖子上系着的一条曳地围巾被卷进车轮，她不幸被当场勒死。她的传世作品虽然不多，但其别具一格的表演形式给舞蹈界带来了极大的冲击，因此她被后人称为"现代舞之母"。